正法眼藏　第二

摩訶般若波羅蜜

経に依至教に依る　有時思惟

私釈　松岡由香子

風詠社

正法眼蔵第二　摩訶般若波羅蜜　私釈◇目次

テキストならびに略号

一、テキスト

七十五巻本『正法眼蔵』	『道元禅師全集』第一、第二巻	（春秋社　1993）
十二巻本『正法眼蔵』	『道元禅師全集』第二巻	
『辦道話』	『道元禅師全集』第二巻	
『永平道元和尚広録』（略号『永平広録』）	『道元禅師全集』第三、四巻	（春秋社　1988）
『永平元禅師語録』	『道元禅師全集』第五巻	（春秋社　1989）
『宝慶記』	『道元禅師全集』第七巻	（春秋社　1990）
『三大尊行状記』	吉田道興『道元禅師伝記史料集成』	（あるむ　2014）

伝統的宗門解釈

〈略号〉	〈書名〉	〈著（提唱）者〉
『聞書』	『正法眼藏抄』に収む	詮慧提唱
『御抄』	『正法眼藏抄』（泉福寺所蔵）（1303—1308）	経豪著
『聞解』	『正法眼蔵聞解』（?—1789）	斧山玄鈯提唱
『参註』	『正法眼蔵却退一字参』（1769—1770）	瞎道本光著
『私記』	『正法眼蔵私記』（?—1788）	安心院蔵海著

（以上『正法眼蔵註解全書』第一巻、日本仏書刊行会、1956による）

略号

弟子丸泰仙　『正法眼藏　摩訶般若波羅蜜解釈　沢木興道筆録集』誠信書房、1980　弟子丸『解釈』
内山興正　『正法眼藏　摩訶般若波羅蜜・一顆明珠・即心是仏を味わう』柏樹社、1982　内山『味わう』
西嶋和夫　『正法眼藏提唱録』第一巻中、金沢文庫、1982　西嶋『提唱』
門脇佳吉　「『摩訶般若波羅蜜』を読む」（『身の形而上学』所収）岩波書店、1994　門脇『身』
酒井得元　『正法眼藏　真実の求め　摩訶般若波羅蜜の巻』大法輪閣、1999　酒井『真実』
森本和夫　『「正法眼蔵」読解1』筑摩書房、2003　森本『読解』
竹村牧男　『「正法眼藏」講義　現成公案・摩訶般若波羅蜜』大法輪閣、2005　竹村『講義』

現代語訳

増谷文雄　『正法眼藏』（一）講談社学術文庫、2004（現代語訳『正法眼藏』角川書店、1973）　［増谷訳］
弟子丸泰仙　『正法眼藏　摩訶般若波羅蜜解釈　沢木興道筆録集』所収
水野弥穂子　『道元［上］』筑摩書房、1988　［水野訳］
石井恭二　『正法眼藏』（一）河出書房新社、1996　［石井訳］

論文

石井修道　「『仏教』考」「多田孝正博士古稀記念論集『仏教と文化』」山喜房仏書林、2008・11
神谷　隆　「『正法眼藏―摩訶般若波羅蜜―』の解釈」「宗学研究」五十号　曹洞宗総合研究センター、2010
小栗隆博　「道元禅師による『大般若経』の更改引用について」「宗学研究」五一号　曹洞宗総合研究センター、2011
頼住光子　「『正法眼藏』「摩訶般若波羅蜜」巻に関する一考察」「駒澤大学仏教学部論集」第四十六号、2015・10

参考にした文献

池田魯参　『宝慶記　道元の入宋求法ノート』大東出版社、1989

凡　例

一、『正法眼蔵』の巻名は《　》でくくり、引用は〈　〉で表わした。

二、現代語訳、諸解釈の引用は略号で示す。またその頁数は（　）の中に漢数字で記した。

三、道元の『永平広録』などは『道元禅師全集』第三、四巻（春秋社）の読み下しを使う。

四、大正新修大蔵経は、経巻をTと半角算数字で、段をp.とa、b、cで示す。なお経典、禅籍の引用は原文と読み下しを原則とする。場合によっては現代語訳をつける。

五、『正法眼蔵註解全書』で明らかに誤字と思われるものは、断りなしで改めた。句読点も必ずしも同じにしなかった。また漢文と和文の混交体であることが多いため。漢文は［　］に訓み下しを挿入した。また『正法眼蔵註解全書』で送り仮名がないと読みにくい場合、［　］で送り仮名をいれた。なお『却退一字参』は漢文であり、『正法眼蔵註解全書』ではカタカナで右に送り仮名を振っている。それを訓み下し文に改めた。『弁註』もほぼ漢文であり、『註解全書』の返り点、送り仮名にそって訓み下した。

六、漢字は、本文では常用漢字を使うが、古い書名や経典引用文では本字を用いる場合がある。ただし、経名には「経」をつかった。

はじめに

この巻は、その奥書に「天福元年夏安居日、在観音導利院示衆」と書かれているように、一二三三年（天福元年）、観音導利院での、はじめての夏安居の時の説法である。「観音導利院」とは、深草極楽寺跡に最初に道元が建てた建物である。やがて、法堂、法座もできた。

そしてそこで一二三五年十二月『観音導利院僧堂建立勧進疏』が書かれている。僧堂もない時代であり、懐弉もまだ弟子入りしていない。

一二三六年十月に、興聖禅寺での最初の開堂上堂がなされ、「空手にして郷に還る。所以に一毫も仏法なし」と宣言された。『三大尊行状記』には「自然に宝房を作し、待たず叢林を作し興聖宝林寺と号す。」とある。

したがって、この巻は、まだ興聖寺が開かれる以前の道元の最初の説法である。

それ以前には『普勧坐禅儀』（一二二七）と『辦道話』（一二三一）が書かれているのみである。『学道用心集』もこの巻が説かれた翌年三月九日に書かれ、『正法眼藏三百則』の序が書かれるのは、またその翌年（一二三五）、続く第二の示衆である《一顆明珠》（のちに『正法眼藏』第七に編集）が開陳されるのは、なんと《摩訶般若波羅蜜》巻の示衆から五年後（一二三八）なのである。

これは他の『正法眼藏』の示衆や書に比べてまったく異なる状況である。先に引用したように、奥書に「天福元年夏安居日」と書かれている。夏安居は四月十五日から七月十五日までであるが、その当時の観音導利院では、正式な夏安居、つまり僧が禁足になり、訪問客も断られるような夏安居は、まだ行われていなかったのかもしれない。その夏安居のいずれかの日に、観音導利院でこの示衆がなされたのである。

聴衆はいったいどのような人々であったのか。それまでに道元と接した人は、まず一二三一年深草の安養院で了然尼に法語を説いているので、帰朝した道元を慕ってきた洛中洛外の僧尼である。懐奘が入門する以前に正覚禅尼が法堂を建て、関白九条道家の弟藤原教家（弘誓院殿）が法座を構えて説法がなされた（『三大尊行状記』）というから、道元を師と仰いだ在家の貴賓らも参加したであろうし、その一二三三年の八月に《現成公案》を書き与えられた楊光秀など俗弟子もいたであろう。日本達磨宗の僧侶たちや、比叡山から下りて新しい仏教を探っていた僧侶もいたかもしれない。

だが、後に法嗣と認められる懐奘、僧海（弟子中の第一座となるが、二十七歳で逝去）、詮慧（七十五巻本『正法眼藏』解釈「聞書」の著者）などはまだおらず、彼らが随参して初めて僧堂で上堂が行われたのは、三年後の十月（『永平広録』1）である。「四衆雲集」（『三大尊行状記』）といっても、いわゆる禅僧はほとんどいない状況での示衆であろう。

それゆえか、この巻には如浄の「風鈴頌」以外は禅の語録からの引用はいっさいない。その意味でも非常に特異な巻である。ここで引用されるのは『般若心経』と『大般若経』であるが、当時の道元の説く新しい仏教に心を寄せる人々にとって、これらの経典はどのようなものだっただろう。

そもそも般若経典は大乗仏教の興起に関わる重大な経典で、上座部の有の思想に対する対抗思想として、空の思想が説かれている。

『大般若経』六百巻は、文武天皇の時代に四大寺で『大般若経』が読まれ（『続日本紀』巻第三）、その後、奈良の法相宗（興福寺、薬師寺）大安寺（官寺）などで国家安泰・家内安全・厄難消除などを目的に『大般若経』転読がなされて、九〇一年からは国家行事としてそれが行われた。いわゆる呪術としての転読である。また法相宗や唯識派にはその論が多くもたらされている。

したがって、僧侶、貴族階級には名前だけは親しい経だったのだろう。これについては弟子丸泰仙『正法眼藏摩訶般若波羅蜜解釈』（以下弟子丸『解釈』と略記）六―一五頁に詳しい。

一方、『般若心経』は、般若経典類の中でもっとも短い経であり、もっとも親しまれた経である。日本にも夙に法隆寺に梵本写本が伝わっており、八世紀後半の書写であるという。早くからサンスクリット本も流布していたのである。そのサンスクリット本の経名は「マハープラジュニャーパーラミター・フリダヤ・スートラ Mahā Prajñāpāramitā - hrdaya - sūtra」である。鳩摩羅什（三四四―四一三、又は三五〇―四〇九）訳の具名は『摩訶般若波羅蜜大明呪経』である。フリダヤ（心）は「大明呪」と訳され、呪経であることが明示されている。玄奘（六〇二―六六四）訳の経名は『般若波羅蜜多心経』であって、「摩訶」はなく、より原語に近い「多」が付いている。後者の訳が流布し、道元の《摩訶般若波羅蜜》もこれを用いている。

その註解書は、中国では初唐、玄奘の訳場にもいた慧浄（六四五）が、唯識の立場から『般若波羅蜜多心経疏』を著し、窺基（六三二―六八二）も法相唯識の立場から『般若波羅蜜多心経幽賛』を、法藏（六四三―七一二）が華厳の立場から『般若波羅蜜多心経略疏』を著している。

日本では、伝によれば天台宗の最澄による『摩訶般若心経釈』（偽釈）があり、天台宗はこの経を「根本法華」として重視した。また真言宗の空海も『般若心経秘鍵』という注釈書を書き、心（フリダヤ）は神呪、真言であるとした。特に比叡山で『般若心経』を根本法華としたことによって、短いこの経は、多くの人に読誦暗誦され、それが呪経でもあることから、国家的行事においても呪術のような形で用いられたものと思われる。

つまり、当時の聴衆にとっても、『般若心経』は非常になじみの深い経典であったといえる。

ところで、道元が七十五巻『正法眼藏』を編集した時、その劈頭は同じ年の八月に書かれて俗弟子に与えられた《現成公案》に譲ったとはいえ、大切な巻とされている《仏性》や《身心学道》よりも前に、二番目に置かれたのであり、その重要さは歴然としている。

それにもかかわらず、この巻は伝統的に重視されてこなかった。したがって注釈も多くはない。江戸時代までの古釈も詳しくはなく、『辨註』は、「此篇文義不俟辨而明矣［此の篇の文義、辨ずるを俟《また》ずして明らかなり］」と、解釈をまったくしていない。

近代に至って、西有『啓迪』、岸沢『全講』、伊福部『新講』などがあり、戦後は沢木興道の弟子である弟子丸泰仙によって沢木興道の遺稿も取り入れた詳細な注釈書『正法眼藏　摩訶般若波羅蜜解釈　沢木興道筆録集』が出版された。それを承けてか、酒井得元、内山興正、西嶋和夫らの提唱、弟子丸の知人である森本和夫など、ほとんどが沢木門下の注釈書である。そうでないものは、仏教学者の竹村牧男、カトリックの神父で、長年大森曹玄に参禅した神瞑会師家の門脇嘉吉、哲学の頼住光子くらいである。

◇解題をめぐって

【諸釈の検討】

まずは道元がこの巻を最初の説法としたこと、そして七十五巻『正法眼藏』の第二巻に入れた重さを考えたい。そのことをはっきり言っているのが、弟子丸『解釈』である。

時に禅師は三十三歳、まさに若き盛りであられた。したがって本巻は、禅師が中国から帰国（一二二七）されてから、大衆の面前で示された第一声とみてもよい。禅師が心の底に確信された『正法』の立場から、従来の日本の伝統仏教、特に当時の大乗仏教の基本になっていた空観や般若観（般若思想）に対する批判の第一声とみてもよい。そこには当時の天台や真言における解釈とは違った禅師独自の考えが説かれていることに注目したい。（四）

そして奈良、平安時代を通じて般若経が、宮中や諸寺で講釈や転読をされたが、護国の教典として呪術的なもので、般若の深意は忘れ去られたという。また、これが道元の著述の中で「教の巻」であり、道元は他の禅師と異なり、経典、経巻、教学を大切にされたと指摘している。（二四～五）

大乗仏教の空観に対する批判というのは、まさにその通りであろう。ただそれが「大般若経のこれまで一般に誤解された、現世利益的要素を排することによって、本来の『般若』の教典として」（九）理解しようとする立場だとするのは、少し違うと思われる。本来の般若の教典としてなされた注釈はたくさんあるからである。

この巻を高く評価している一人は門脇佳吉『身の形而上学』（門脇『身』と略す）所収「摩訶般若波羅蜜を読む」であり、「『摩訶般若波羅蜜』は『正法眼藏』七十五巻本の第二に収められ、この著作が青年時代の作にもかかわらず、道元思想全体の中で重要な位置を占めていることを示している。」（一四六）という。

いっぽう、この巻を重要な巻とは見なさないものがある。

酒井得元『正法眼藏　真実の求め　摩訶般若波羅蜜の巻』（酒井『真実』と略す）は、「中継ぎ」という言葉で軽く扱っている。

この『摩訶般若波羅蜜』の巻は、ちょうど次の『仏性』の巻への中継ぎのような気のする巻なんですね。これは『眼藏』の中でも一番短い巻です。なぜこの『摩訶般若波羅蜜』の巻が『仏性』の巻への中継ぎかと申しますと、『法華経』の「唯有一乗法　無二亦無三」「唯仏与仏乃能究尽諸法実相」という、これを最も具体的に示されたのが、『現成公按』の巻でありました。……この『摩訶般若波羅蜜』の巻によって、「無所得」（得る所なし）ということを、ここで根本的に学んで頂きたい。そうしてこの無所得ということに基づきまして—無所得ということが、無量無辺ということです—この無量無辺ということがどのようにして展開して行くかと申しますと、『仏性』の巻においては「一切衆生悉有仏性」ということにな

る。(五二、三)

諸解題の中で第二に問題に感じるのは、次のようにこの巻が『般若心経』の説明である、とするものが多いことである。

西有『啓迪』は「この御巻は、般若心経の換骨である。この御巻を聞受持説教するは、般若心経を聞受持説教するのだ。……ゆえに目が開けてこの御巻がわかれば、心経もおのずとわかる。心経がわかれば、この巻がわかる。」として、弟子丸『解釈』もそれを踏襲しているようだ。(弟子丸『解釈』二六)

増谷文雄『正法眼藏』(二)(「増谷訳」と略す)の開題には「この一巻の内容がほぼかの『摩訶般若波羅蜜多心経』の敷き写しであることは、古来からの研究者の指摘するところであるが、それはまた読者の容易に気づかれるところであろう。その時、道元はなお齢三十三歳であった。」(二一)とある。またこの巻があまり評価されていないことは「この一巻においては、経典からの引用文がその構成の中心となっていて、道元その人の所見はわずかにその間にさしはさまれているに、すぎないように見受けられる」(二〇)といわれていることから分かる。

水野弥穂子訳『摩訶般若波羅蜜多心経』(「水野訳」と略す)

(心経は=筆者)わずか二百六十二文字の中に仏教の教理の大切なところが全部説かれており、およそ修行の道場では何かにつけ唱えられる経文である。興聖寺の少ない門下の間でも、覚えるという以上に、その文言は人々の頭の中にはいっていたであろうが、その意味、特に仏道修行の生活の中にどういう意味をもっているか、まず説いておかねばならないところであった。(四〇)

西嶋和夫『正法眼藏提唱録』(西嶋『提唱』と略す)

この『摩訶般若波羅蜜』の巻において、道元禅師がどういう事を説かれたかと言うと、これは『般若波羅蜜多心経』という、いわゆる「般若心経」と呼ばれている経典があるわけです。その説明をこの巻でされているというふうに理解してよい。……そこで説かれておることというのは、『正しい智慧とは何か』という問題。（二六）

森本和夫『『正法眼蔵』読解1』（森本『読解』と略す）

この巻がいわゆる『般若心経』すなわち『摩訶般若波羅蜜多心経』を踏まえて書かれていることは、一目瞭然であろう。げんに、発端の一句からして、『般若心経』の冒頭に一致しているのである。（六四）

このように多くの人がこれを『般若心経』（『心経』と略す）の解釈である、といっている。しかし、『心経』の引用は初めの部分と最後だけで二百六十二字のうちの七十字、約三七％に過ぎない。あとは六百巻『大般若経』と如浄の頌で、六百字以上に及ぶのであるから、これが『心経』の解釈だとはいえないし、またその解釈の内実は、後に見るように、およそ『心経』をテキストにした解釈とはいえないものなのである。

第三に考えなくてはならないのは、ほとんどの解釈が「空」思想を説いているとすることである。

内山興正『正法眼蔵　摩訶般若波羅蜜・一顆明珠・即心是仏を味わう』（内山『味わう』と略す）は、冒頭で説いているわけではないが、最初の『心経』の解釈で、雑阿含「無常経」の「まさに色は無常なりと観ずべし」などを引き、また『大品般若経』の「菩薩摩訶薩、般若波羅蜜を行ぜんと欲せば、色これ無常に住すべからず。何をもっての故に。無常無常の相、空なり、無常空のゆえに無常と名づけず、空を離れてまた無常なし。無常すなわちこれ空、空すなわちこれ無常なり」（三三）を引いて、色受想行識が空であるという。しかし、それは『般若経』などに書かれていることであって、道元はそのように解釈してはいない。内山はあとの解釈でも「一切空のところにうやうやしく生きるのでなければならない」（七三）という小見出しを付ける。要するに般若経の「空」がこの巻には説かれているとするわけである。

頼住「『正法眼藏』「摩訶般若波羅蜜」巻に関する一考察」（頼住「一考察」と略す）も同じようなものである。頼住は「『般若波羅蜜』という、まさに大乗仏教の修証論の基本概念から、道元は『正法眼藏』の執筆に着手したということができる。」（二三）といい、「導入部で提示された『空』からの立ち現れ（現成）について」（二四）と、「空」を導入部とする、という。

しかし、道元は空思想である『般若心経』を冒頭で引用しているかに見えて、その先鋭的な空思想である「無色無受想行識。無眼耳鼻舌身意。無色声香味触法、無限界乃至無意識界……至無老死。亦無老死尽。無苦集滅道」をまったく説いていない、という瞠目すべき事実がある。つまり道元はここでいわゆる空思想を説いてはいない、ということである。

第四に、この巻では巻名である「摩訶般若波羅蜜」とはなにか、ということが説かれているのであり、そのことを道元の本文にそって明らかにしなければならない。ところが弟子丸『解釈』は、解題で教学における「般若」と「波羅蜜」のさまざまな説を紹介して解説している（二八―五五）。もちろん道元の本文を読む前提的知識として不要なものではないだろうが、そのような伝統的解釈に対して、道元がなにを言っているのか、ということを、巻全体で聞いていくことこそ、最重要なことであると思われる。

酒井『真実』は最初に「摩訶般若波羅蜜」について、「『摩訶』というのは、般若波羅蜜を形容した言葉、般若波羅蜜の規模を述べた言葉、そういうように取ったらいいでしょう。般若波羅蜜の規模はどんな規模であろうか、それが大である。比較がない大ですよ。全体を表すと言ったらいいでしょうね。」（二〇）、「どういうのが『般若』かと申しますというと、この宇宙全体が一つの生命体ですよ。今日は雨が降っております。……こういうような自然の働き、自然の活動、これが般若というものです。知恵才覚と違いますよ。」（二一）、「私たちのこの身体自身があなたと関係なく生きております。あなたと全然関係がありませんよ。あなたがものを言うのも、考えるのにも、この身体の生命が支えていてくれるんですよ。……この根源が何かというと、この力というものが般若。」（同）、「波羅蜜」ということは、普通、『到彼岸』と訳す。あるいは『覚＝さとり』というふうに訳す。そんな古くさい訳では困るでしょう、分からんでしょう。つまり『覚』ということは、どういうことかというと、事実を言ったんです。この方がいい。つまり『こういう真実である』―真実という意味に取った方がいい。つまり『般若波羅蜜』で、この宇宙の真実を具体的に示したものです。ですから、この世の中のすべてのものが摩訶般若波羅蜜の姿である、こう言ってもいいわけだ。猫がニャンニャン鳴くのも、人間がギャンギャンやっているのも、みんなこれは般若波羅蜜の表情である。」（二二）という。

酒井独自の「摩訶般若波羅蜜」の解説になってしまっている。最初にこのような自説を持っていては《摩訶般若波羅蜜》巻を真摯に読むことは難しいだろう。

神谷隆「『正法眼藏―摩訶般若波羅蜜―』の解釈」で「巻名冒頭の『摩訶』は多義語だが、本文第一段の第一小段では『深』、第二段の第一小段、第三段では『甚深』に置き換えられている。他に置換可能なのは『大』『勝』等であろう。『般若波羅蜜多』は完全な悟り」（二〇一）というのは、当を失している。

「深」や「甚深」は当然ながら「摩訶」を言い換えたものではなく、『心経』で「行深般若波羅蜜多」（深く般若波羅蜜多を行ずる時）という経文の「深」である。北伝中国仏教では「般若」は智慧であり、「波羅蜜」は到彼岸であることは常識であるのに、どうして「完全な悟り」「パリニッバーナ」の訳のようなものにするのだろうか。

「波羅蜜多」の梵語 Pāramitā は、梵語文法的には pāramī は "parama"（完全な）の女性形に "-tā"（抽象名詞をつくる接尾辞）が付いたもので、「完全であること」を意味するが、中国では“pāram”（彼方、“pāra”の業格）＋“ita”（動詞“i”行くの過去分詞女性形）と読んで、彼方へ行く、「到彼岸」と訳してきたのである。

【解題】

第一に、人々が、道元は中国から本格的な「禅宗」を伝えたのだから、当時の禅宗の標語でもある「教外別伝・不立文字、直指人心、見性成仏」の禅を説くのだろうと期待していたことに対して、経典の引用が大半を占めるこの巻で、そうではない、経典、文字を重んじるのだ、という立場を表明したことである。

この巻には般若経典引用が六百九十二字に及び、道元による本文五百三十九字を上回っている。巻名も経名を思わせる。道元が伝えたものは『辦道話』に闡明されているように、如来の「妙法」であり、「仏法の正門」、「無上の大法」「仏法の全道」であって「禅宗」ではない。それゆえ道元は「教外別伝・不立文字、直指人心、見性成仏」を『眼藏』で批判していう。

〈ある漢いはく釋迦老漢、かつて一代の教典を宣説するほかに、さらに上乗一心の法を摩訶迦葉に正伝す。嫡嫡相承しきたれり。しかあれば教は赴機の戯論なり、心は理性の真実なり、この正伝せる一心を、教外別伝といふ。三乗十二分教の所談にひとしかるべきにあらず、一心上乗なるゆゑに、直指人心・見性成仏なりといふ、この道取いまだ仏法の家業にあらず、出身の活路なし、通身の威儀あらず、かくのごとくの漢、たとひ数百千年のさきに先達と称すとも、恁麽の説話あらば、仏法仏道はあきらめず通ぜざりけるとしるべし。〉《仏教》

道元は経や教を重視する。この経典重視は、後に説かれる《仏経》《仏教》《看経》でも明らかである。そのことは、石井修道「『仏教』考」にも詳しく、「それらの巻（『仏道』『仏経』＝筆者）の重要な課題は、道元が天童如浄より伝えた『正法眼藏』とは、禅宗でもなく、まして曹洞宗でもないということであった。」（五三〇）と書かれている。また弟子丸『解釈』二三一—二五頁にも道元の経典重視が指摘されている。経を重視しているわけだが、それは決して『心経』の解説ではない。

第二に、その教の内実は、「空」ではなく、いわゆる大乗仏教にもとどまらず、この巻では五蘊、六識、十二処、十八界、四聖諦などゴータマ・ブッダが説いたとされる原始仏典の基本教理に及んでいることが注目される。それゆえいわゆる小乗の教学のまとめである《三十七品菩提分法》が、『正法眼藏』の巻名として存在する。あるいは十二巻本では諸阿含経典の引用に至る。この巻はこのような道元の大小乗経典重視という立場のユニークさの最初の宣言であるとも言える。

第三に、このように経典の名（のようなもの）が巻名になっているのは、これだけであるし、七字という文字の多さも、八字の《三十七品菩提分法》と共に例外である。後は二字から五字（三巻）である。「摩訶般若波羅蜜」という言葉は、道元にとって非常に重要で、他の言葉に置き換えられないことを示している。

第四に、「般若」が智慧という意味であるから、坐禅（定）などを説く《坐禅箴》《坐禅儀》《三昧王三昧》などに対して、この巻は、慧を説いていると誤解される怖れがあるが、そうではない。

その点、竹村牧男『「正法眼藏」講義　現成公案・摩訶般若波羅蜜』（以下、竹村『講義』と略す）は、正しい大事な指摘をしている。

その、インドの禅と多少異なる祖師禅独自の特徴はどこにあるのかと言うと、これは六祖・恵能がはっきりと主張し始めるわけですが、『定慧一等』と言うことにあります。ですから中国以来の禅では、禅定と知恵とは一つだ、禅定のただ中に知恵がある、こういう考え方の坐禅、定慧一等の坐禅を修行するのです。……まして道元禅師の場合は『辦道話』に『修証一等』、修行と悟りは一つだと言われておりまして、ではその修行はなにかというと祇管打坐だと言われている。……道元禅師は禅者ですから、『摩訶般若波羅蜜』、偉大なるプラージュニャーパーラミター、知恵の徳目、それを語るにあたって、そういう定慧一等の中でのプラージュニャーパーラミター、禅定に裏付けられたプラージュニャーパーラミター、それを何とかして描こうとされているでしょう。（一七六）

とりわけ、この「定慧一等」が大事であり、「定慧等学」ということならば、例えば『摩訶止観』にも初期禅宗の神会の言葉にも見られる。「定慧等学」すなわち定も慧も等しく学ぶ、のではなく、「一等」すなわち定と慧が等しいのである。そういう定慧一等がこの巻で、はっきり説かれるのである。

一章　般若心経の道元による解釈

一節　五蘊は般若

その一

観自在菩薩の行深般若波羅蜜多時は、渾身の照見五蘊皆空なり。

［注釈］

○**観自在菩薩**　この菩薩は、旧訳では「観音菩薩」、「観世音菩薩」といい、新訳（玄奘以後）では「観自在菩薩」という。この『心経』は玄奘が訳したので「観自在菩薩」である。この菩薩は阿弥陀仏の脇侍として無量寿経系統の経典に説かれるほか、『妙法蓮華経』の普門品の主役として説かれて、よく知られた大乗仏教の代表的な菩薩である。道元がこれを説示した場所は「観音導利院」であり、興聖寺建立以前の院号である。また《観音》巻も書かれており、そこに道元の観音観が伺われるが、今はその関連は無視していいだろう。

○**行深般若波羅蜜多時**　「観自在菩薩。行深般若波羅蜜多時」という『般若心経』冒頭の句。訓み下せば「深い般若波羅蜜多を行ずる時」となる。「深く般若波羅蜜多を行ずる時」とも読めるが、後の経典にもでてくるように「甚深般若波羅蜜多」と熟語されているので、「深い般若」の方がいいだろう。

○**渾身**　体全体、満身。後の如浄の風鈴頌にも出る。仏教語でなく、禅の詞でもない。『祖堂集』に一回、次のように出るが、道元は知らなかった筈。

師問雲嵓。千手千眼如何。嵓云。如無燈夜把著枕子。云。汝還知不。師云。我会也我会也。嵓却問。作麼生会。師云。通身是眼。神山云。渾身是眼。

観音と関係している。『景徳伝灯録』では「通身是眼」で終わる。

『景徳伝灯録』には巻二十育王山弘通禅師章に次のように一回出る。

問如何是和尚家風。師曰渾身不直五分銭。曰太恁貧寒生。師曰。古代如是。曰如何施設。師曰。随家豊倹。（T51,p.364b)

道元はこの詞を好んで使い、『正法眼藏』の十五の巻に二十七回使う。四回「先師」と合わせて言及されるところからも、風鈴頌の詞を強く意識していることが分かる。

○皆空　『心経』の詞であるが、道元が『正法眼藏』の中で空思想の「空」という語を使うのは、ここ以外は次のように祖師の引用が大部分である。

＊道元用例

〈臨済院慧照大師云、古人云、……所以達六種色声香味触法、皆是空相〉、《神通》

〈古人のいはく、六般神用空不空、一顆円光非内外、非内外は無迹なるべし〉《神通》

〈永嘉真覚大師云、諸行無常一切空、即是如来大円覚〉《三十七品菩提分法》

〈道育曰、「四大本空、五蘊非有、而我見処、無一法可得」〉《葛藤》

〈五祖いはく、仏性空故、所以言無、あきらかに道取す、空は無にあらず、仏性空を道取するに、半斤といはず、八両といはず、無と言取するなり、空なるゆゑに空といはず……〉《仏性》

大乗の空思想に大胆なアンチテーゼを述べることもある。

〈しるべし一切諸法、悉皆解脱なり、諸法の空なるにあらず、諸法の諸法ならざるにあらず、悉皆解脱なる諸法なり〉《行持》

そうかといって道元に上座部的「有」の思想が見られるわけでもけっしてない。有・無、空・色など仏教の対概念が説かれるところでは、そのどちらでもないこと、あるいはどちらでもあることが強調される。

〈この木石おのれづから有無空色等の境界に籠羅せられず〉《発無上心》

〈おのれづから空を破し有を破す、払子経あり〉《自証三昧》

〈眼中華は無にあらず有にあらず、空にあらず実にあらず、おのづからこれ十方仏なり〉《空華》

〈諸悪は空にあらず、莫作なり。諸悪は色にあらず、莫作なり。〉《諸悪莫作》

〈成にあらず住にあらず、壊にあらず空にあらず、常にあらず無常にあらず〉《十方》

〈つたなきともがら、有宗空宗のごとくならんと思量して宗の称なからんは、〉《仏道》

〈道有道無道空道色、ただ仏祖のみこれをあきらめ正伝しきたりて古仏今仏なり。〉《仏教》

〈いはんや拳頭脚跟、拄杖払子、すなはち古経新経なり、有経空経なり。〉《仏経》

〈有空のむねあきらめざれば、人もし問取するとき、みだりに拳頭をたつ。〉《仏経》

〈この道を皮肉骨髄に銘すべし、身心依正に銘すべし、空に銘すべし、色に銘すべし。〉《山水経》

〈空にあとせり、色にあとせるその功徳をいまの人にをしまざること減少せず。〉《面授》

その他、「空」の詞が用いられる場合は「空」思想ではなく、「虚空（大地の対概念）」「長空」「空劫」などの熟語が大多数である。

【現代語訳】

観自在菩薩の行深般若波羅蜜時は、全身体を挙げての照見五蘊皆空である。

【諸釈の検討】

『御聴書抄』

観音は能行の菩薩、般若波羅蜜は所行の般若と打ち任せては（ふつうには）心得ぬべし。非而［しかにはあらず］般若の現成の時、非般若［般若に非ざる］一法なし。今渾身とある渾身は観音なりや、般若なりやと云ぬべし。（一五九）

観音と波羅蜜は能所ではない、というが、経典の文から言っても、道元が「観自在菩薩の行深般若波羅蜜時」と解釈するのも、観自在菩薩が主語であり能であり、般若はそれを行ずるという所である。『私記』はここをすべて引用。この『御聴書抄』の解釈に引きづられて『啓迪』は「人と行の能所泯絶、大火聚三昧を風聞するじゃ」というが本文とは関係ない。

『聞解』

観自在菩薩と点ずるときは、観音菩薩の事と見ぬ。観照般若［に］自在を得た菩薩と云ことで、修行般若［般若を修行する］菩薩へ広く掛る也。行深般若とは三昧王三昧に坐するやはり坐禅のこと、般若波羅蜜とも云ひ、獅子吼三昧とも云ひ、……仏性とも云。（一五八）

照見の照は知字と同意也、宏智所謂不触事而知ると同じ。（同）

観音と観世音は同じ菩薩の名である。「行深般若」を坐禅云々とするのは、仏教の行は坐禅であるからその通りである。照見の照を宏智の『坐禅箴』とかかわらせるのは、その前も行を坐禅としているのだから、いいだろう。

『私記』

菩薩も、行も、時も、渾身も、照見も、五蘊も皆空も、般若なり。（一五八）

《仏性》巻で、多くがなんでも「仏性」と解釈したが、それと同じ。あとで、さまざまなものに「幾枚の般若」といわれるからといって、このように解釈することはできない。

弟子丸『解釈・沢木興道遺稿』

この般若に即する行を深般若といい、般若に即する功徳を波羅蜜といい、般若に即する時節を而今、時という。故にこの場合、主の人も『観自在菩薩』、客の『般若も』、『法も』、『行も』一切別立することなく、故に渾身『即ち全体』の般若、即ち、即という理性。『照見』これが愛を全うした知、知を全うした愛、最極の愛、至極の知である。これを五蘊皆空という。これが宗教的最後の行き着き場所である。（六二）

般若に即する行を深般若とするが、そこには主も客も分けない全体だというのはその通りであろう。だが「愛」という関係性を表す言葉で示すのは、禅の解釈として珍しい。ただなぜ慈悲ではなく、愛なのだろうか。

内山『味わう』

観自在菩薩とは、生命の実物として、われわれは尽一切生命の自己を生きているということ。この尽一切生命としての自己を、ありありと観るということです。……いまわれわれは、ほんとうは誰も彼も観自在菩薩でなければならない。誰も彼も、ほんとうは自己ぎりの自己を生きている。（二九）

これは内山の提唱としてはよいかもしれない。だが、行ずるということを抜きにして、われわれが観自在菩薩であるといえるのだろうか。

西嶋『提唱』

知慧を深く行ずると言うのは何かと言うと、具体的には坐禅をやっていること。だから、坐禅をやっておるときには、『渾身の照見五蘊皆空なり』、渾身と言うのは、体全部ということ。（四七）

『聞解』と同じく、智慧を行ずることが、坐禅をやっていることだ、というのは間違ってはいまい。

門脇『身』

第一段は『般若心経』からの引用で埋めつくされているにもかかわらず、『般若心経』にはない言葉が重要な意味を担わされているからである。その言葉とは「渾身」である。しかも、その「渾身」が「照見五蘊皆空」であると断定されている。……それ（般若経典類＝筆者）に対して、道元の『摩訶般若波羅蜜』では、般若が身に満ちる智慧であるばかりでなく、明白に「渾身」が「照見五蘊皆空」であると明言されている。これこそ、道元独自の思想であることは間違いない。（七六）では、道元はこの思想をどこから学んだのであろうか。それは道元が「先師古仏」と敬愛する如浄禅師からであることは間違いないだろう。（七七）

そこで主語「行深般若波羅蜜多時」とは、「諸法を観ずることが自由自在な菩薩が、自受用三昧に坐しているとき」という意味になる。これを上述の『摩訶般若波羅蜜』の「生存地平」の特殊状況に置いて見るとき、その具体的意味は「如浄

と道元が祇管打坐するとき」と具象化され、理解しやすくなる。(八二)

『般若心経』からの引用というのは、「無」がないのだから無理である。道元が「渾身」という言葉を加えたこと、それが如浄の偈にあることはその通りである。門脇の解釈を貫くのが、「渾身が照見五蘊皆空である」という思想なのであるが、ただ、〈……時は、渾身の五蘊皆空なり〉という本文からは、渾身が五蘊皆空だとは、解釈できない。「渾身の」の「の」は、所有や所在などの関係を表す助詞であり、どこまでも「五蘊皆空」を修飾する言葉だからである。文法的に無理な解釈を、巻全体の根本思想とするのは、危険である。また「行深般若波羅蜜多」が、どうして「自受用三昧」の意であるのか、なんの論証もない。「自受用三昧」は、『辦道話』以外には《佗心通》に『景徳伝灯録』や『聯灯会要』の問答の中の言葉として出されて、それを商量するときにだけ使われて、後は一切使われない用語である。その「自受用三昧」を『正法眼藏』の解釈の根本語とすることは問題である。

また「渾身」がいかに風鈴頌と関係していようとも、「如浄と道元が祇管打坐するとき」と限定することは、まったく不合理である。如浄も道元も七十五巻本ではけっして「菩薩」ではない。あくまで如浄は「古仏」であり、道元はあえていえば寺号でもある「大仏」であり、いずれにしろ仏祖であって菩薩ではない。

また「菩薩と般若は一体である」というが、この巻には実に多くが「般若である」といわれている。照見、五蘊、十八界、四諦、六波羅蜜、無上菩提、三際、六大、四威儀、仏薄伽梵(世尊)、是諸法であるが、しかしながら、ここに菩薩は入っていない。

二章三節は門脇が「甚深般若波羅蜜多と菩薩とは虚空を守護せんと欲することと相違することはない」(一六八)というように、虚空を守護するという点で異なることがないといっているのであり、般若波羅蜜が菩薩であるとは言っていない。したがって、他の多くと般若波羅蜜が一体だとはいえても、菩薩は一体だとはいえない。

酒井『真実』はまず、観自在菩薩について「法隆寺では議論がありまして『無性闡提の菩薩埵、成仏すや』というのがこの論議の主題だそうです。……観音さまという方は決して成仏なさらない。」（五七）と説明する。続いて実存的問題として、こういわれる。

般若波羅蜜多を修行する、これが我々この仏教者の根幹です。（六二）般若波羅蜜多ということは、他の言葉で言えば、尽十方界。尽十方界の真実を修行すること。（同）

それで、「渾身の照見」と言いますと、この身体全体だ。「渾身の照見」これだ。私たちの身体というものは尽十方界の真実です。個人ではありません。個人はその中の一部分です。「照見」は、申しますと、その時の活動全体だ。（六五、六）

そういうようなこと（人生の苦楽＝筆者）を問題にしない本来の姿、真実の姿、これが「皆空」という意味なんです。（六八）

その尽十方界の、その現実のあり方はと申しますと、これが「五蘊」である。（六九）

只管打坐を離れて正法眼蔵はありませんからね。これが行深般若波羅蜜多でしょう。坐禅している。それは「渾身の照見」、つまり言うと「渾身の照見」というのは身体全体のあり方だ、その時の身体全体のあり方。この身体全体のあり方は、「五蘊皆空なり」。（六九）

これも実存の問題としており、「行深般若」を只管打坐として押さえている。ただ、「般若波羅蜜」をただちに尽十方界と解釈できるだろうか。また「渾身の照見」を身体全体の活動と解釈するが、「照見」がなぜ「活動」や「あり方」となるのか、説明がなく分からない。

森本『読解』は、前半は字句の辞書的説明の他には『御抄』を引用する。

竹村『講義』

そこで道元禅師は、そのときは「渾身の照見五蘊皆空なり」と言われます。全身さながら照見五蘊皆空そのものになっているのだ。五蘊が空であるというその空になりつくしていたのだと言うのである。(一八三)

対照的にとらえるのではない空の体得であり、五蘊と一枚になったところ、五蘊は自己そのものであると考えれば本当の自己そのものと一つになったところ、そこが空なのであると示されているのだと思うのです。(一九〇)

「空になりつくし」たところというのはこの巻に対する竹村の根本的見方であり、なんども同じようなことが言及されるが、道元はここでは「皆空」という言葉を経典どおりに引用はするが、それ以外の言及はない。竹村『講義』は、「空」の説明に二頁を費やしている。さらに五蘊についてもそれが空であるということを二頁以上説明して、さらに無の五蘊、空の五蘊の説明をし、「照見五蘊皆空」は無分別智であると『摂大乗論』の見方など引き合いにだしている。しかしながら「空」は、この巻では説かれないし、教学的説明は、それ自体は間違いではないが、道元の解釈としては、的を射ておらず、多過ぎよう。門脇『身』とおなじように「主客未分の一真実」というが、道元には禅定によるそのような思想も表現もない。自己は脱落するのであり、なにかと一つになることはない。

頼住「一考察」は冒頭から行住坐臥までについてこういう。

道元は、「般若心経」を下敷きにし、そのほぼ全体に渡って用語を採りつつ、独自の般若理解を展開している。(一一五)

また《観音》巻を次のように解釈して、それを『永平広録』巻十の補陀洛迦山に詣でた偈頌で補強して次のようにいう。

（参学している）これらの「観音」は、まだ正しく真理を表現できていない「観音」だと道元は断じる。この「参学」する「観音」が修行者を指していることは明白である。（二六）

「観自在菩薩の行深」と「渾身の照見」とを対にして読んで、両者ともに修行者が全身心を挙げて修行することと解し、「般若波羅蜜多」と「五蘊皆空」とは、「空―縁起」の把握による開悟成道であり、自ら「空―縁起」を生きることであると解することができる。（二九）

また「五蘊皆空」という言葉は、存在者を構成要素に分解することで、その固定的実体性を否定し、さらにその構成要素のそれぞれも「空」であって不変の実在ではないとすることによって、存在の無根拠性（無本質性）を主張するのである。存在者の無根拠性を自覚し「空」を体得することこそが、「般若波羅蜜」（智慧によるさとりへの到達）なのである。そして「空」が不変の本質の不在（＝無我）を表すならば、それは分節以前の無分節と言うことも可能である。その意味で「般若」の智慧の体得とは、無分別への帰還、すなわち、固定化された分節の打破といえるのだ。（二七）

道元は「空―般若」を全身で体現することによって、修行者自身が「般若の智慧」そのものになっていくことであると展開する。（同）

修行者は全身で「空」なる在り方（他との関係の中で成立しており、不変の固定的実体ではない、「空―縁起」なる在り方）を実現し、その「空―縁起」を把握する智慧（般若）を他者に対して説きつづけている。（同）

この部分が『心経』を下敷きにしたものでないことは、すでに論じた。また、《観音》巻は別の主題だからここで参照することは当を得ていないと思われる。しかも「『観音』が修行者を指している」という頼住の解釈は無理である。

〈雲巌道の遍身是手眼の出現せるは、夜間背摸枕子を講誦するに、遍身これ手眼なりと道取せると参学する観音のみおほし。この観音たとひ観音なりとも未道得なる観音なり〉《観音》のどこに一般修行者が入る余地があるだろうか。雲巌がいった「遍身是手眼」を「遍身これ手眼なり」と言ったのだ、と学ぶ（学ばれる）観音が多い。この遍身が手眼であるのも観音（例えば千手千眼観音）ではあっても、そのような観音は言い尽くされていない（未道得）の観音である、と読むべきである。あとで〈釈迦老子の道取する観音はわずかに千手眼なり、十二面なり……〉とある。このようなものが道元のいう「未道得なる観音」なのである。

冒頭の問答のすぐ後で〈いま道取する大悲菩薩といふは、観世音菩薩なり、観自在菩薩ともいふ。諸仏の父母とも参学す、諸仏よりも未得道なりと学することなかれ。過去正法明如来也〉と、普通の仏以上の仏とされ、追記された文でも〈如来と観音と、即現此身なりといへども他身にはあらざる証明なり〉とある。道元が観音菩薩を仏とみていたことは明らかであり、その「観音」に対して、修行者を指して「正しく真理を表現できていない『観音』」だ、などということはあり得ない。

頼住が、「五蘊皆空」という言葉について費やしている説明は、頼住の仏教理解、ないし道元思想理解であって、本文にそった解釈とはいえない。なぜなら、一応『心経』にそって「五蘊皆空」とはいっても、道元自身はその後に五蘊が五枚の般若であると展開しており、どこにも『空—縁起』思想を説いてはいないからである。『心経』の「五蘊皆空」とは、有部などが五蘊などをダルマ（不変の実体、有）としたことに対する批判として「皆空」といったのであり、それは「無根拠性」でも、「無分節」でもない。はっきり五蘊と分節されたものが「空」であるというのである。「空—般若」、「空—縁起」という自分の説を道元の解釈に根拠なしに用いるのは、正当だろうか。のちに見るようにこれが頼住の《摩訶般若波羅蜜》の結論でもあり、はじめに結論ありきの感がある。

【私釈】

この巻の名は「摩訶般若波羅蜜」であり、冒頭と最後には『般若心経』が、中間には『大般若経』が引かれているが、そもそも禅宗と『心経』あるいは種々の『般若経』は、どのような関わりを持ってきたのか、見てみたい。

○初期禅宗

一、四祖　道信

『景徳伝灯録』巻三の四祖道信章には次のように出る。

隋、大業十三載。領徒衆、抵吉州。値群盗囲城七旬不解。万衆惶怖。師愍之教令念摩訶般若。（隋の大業十三載、徒衆を領じて、吉州に抵《いた》る。群盗の囲城して七旬、解けざるに値《あ》う。万衆、惶怖す。師は之を愍みて教えて摩訶般若を念ぜしむ。T51,p.245b）

「摩訶般若」は、呪として念ぜられたのだろう。四祖は、その寺号や大師号にも「般若」が入っている。

勅於塔所置宝應寺。大歴五年賜号真宗般若伝法之堂。七年又賜般若大師之塔。（勅して塔所において宝應寺を置く。大歴五年、真宗般若伝法之堂と賜号す。七年、又た般若大師之塔を賜う。T51,p.245b）

二、六祖　恵能

敦煌本「六祖壇経」の具名は『南宗頓教最上大乗摩訶般若波羅蜜経六祖恵能大師於韶州大梵寺施法壇経』となっている。内容には元来の壇経と思われる部分のうち、二一、二四、二六で「般若の知」、「般若の行」等が出てくるが、「般若経」やその引用は出て来ない。いっぽう神会派の加筆と思われる部分には次のように六祖は

『金剛般若経』を聞いて悟り、出家したと伝えられる。

忽見一客読金剛経。恵能一聞心名便悟。（忽ち一客の金剛経を読むを見て、恵能、一《ひと》たび聞きて心、明（名）らかに便ち悟る。『敦煌本六祖壇経』T48,p.337a)

その話は『祖堂集』巻二に次のように、承けつがれる。

忽聞道誠念金剛経。恵能亦聞。心開便悟。（忽ち道誠の金剛経を念ずるを聞けり。恵能亦《ひと》たび聞くや、心、開けて便ち悟る。）

これは『景徳伝灯録』巻五の六祖章にも引き継がれる。『壇経』には、後述する神会の言葉と酷似する次の表現があって、敦煌本には神会派の影響が非常に強い。

但持金剛般若波羅蜜経一巻。即得見性。入般若三昧。当知此人功徳無量。（但だ金剛般若波羅蜜経一巻を持して、即ち見性することを得て、般若三昧に入る。当に此の人、功徳無量なるを知る。T48,p.340a)

三、慧忠国師

六祖の弟子。『般若心経注』その他、これを含めて三註といわれる、芙蓉道楷と慈受懐深の注がある。

四、神会

自称六祖を継ぐ。『神会語録』二八『菩提達磨南宗定是非論』には「勝天王般若波羅蜜経」（二三、三〇等）、「金剛般若経」（三二）、「小品般若波羅蜜経」（三三）など多数引用。

「金剛経」の功徳を中心に説く。

誦持金剛般若波羅経者、当如是人不従小切功徳来。（『定是非論』二一二）

勝天王般若経云、般若波羅蜜、無有一法可為。若善男子、善女人信受金剛般若波羅蜜経者、所獲功徳不可思量。（同二一三）

次の言句は『心経』の引用と思われる。

是故勝天王般若経云……所謂般若波蜜。亦為一切諸仏秘密蔵、号号為総持法、亦是大神咒、最大明咒、是無上咒、是無等等当咒、能除一切苦、真実不虚。三世諸仏皆因般若波羅蜜多故、得阿耨擬多羅三藐三菩提。（同二一四）

五、傍流

①浄覚（六八三—？）　法如の法系で『楞伽師資記』の著者。『心経頌（少室六門の一）』敦煌本スタイン 4556

②資州詵禅師（？-嗣弘忍）撰『般若心経疏』敦煌本ペリオ 2178,4940

○唐代禅宗　ごく少ない。念ずる経として、次の二師が言及している。

・南泉（七四八—八三四）

請大衆為狸奴白牯念摩訶般若波羅蜜（請う大衆。狸奴白牯の為に、摩訶般若波羅蜜を念ぜよ。）（T51,p.279b）

・洞山（八〇七—八六九）

……院主見他孝順。教伊念心経。未過得一両日。念得徹。和尚又教上別経。師啓師曰。念底心経尚乃会。不用上別経。院主云。適来怐怜念得。因什麼道未会。師曰。経中有一句語不会。院主云。不会那裏。師曰。不会無眼耳鼻舌身意。請和尚為某甲説。院主杜口無言。徒此法公不是尋常人也。院主便領上五洩和尚處。具陳前事。此法公不是某甲分上人。乞和尚摂収。五洩容許。（院主、他の孝順なるを見て、伊をして心経を念ぜしむ。未だ一両日を過ぎ得ずして念じ得て徹せり。和尚、又た上の別経を教う。師、師（院主＝筆者）に啓して曰く、念ずる底の心経すら尚お乃ち会せず。上の別経を用いず。院主云く、適来、何怜に念じ得たるに、什麼に因りて未だ会せずと道うや。師曰く。経中に一句語有りて会せず。院主云く。那裏をか会せざる。師曰く。無眼耳鼻舌身意を会せず。請う和尚。某甲の為めに説け。院主、口を杜《とざ》して言なし。此れによりて法公は是れ尋常の人ならざるなり。院主、便ち領して五洩和尚の處に上り。具に前事を陳ぶ。此の法公は某甲の分上人ならず。乞う和尚、摂収せよ。五洩、容許す。）（『祖堂集』洞山章 117b）

・西山（生没年不明）道元が《虚空》で引く『心経』の扱い。

〈洪州西山亮座主、因参馬祖、祖問、講什麼経、師曰、心経、祖云、将什麼講、師曰、将心講、祖云、心如工伎児、意如和伎者、六識為伴侶、争解講得経、師曰、心既講不得、莫是虚空講得麼、祖云、却是虚空講得、師払袖而退、祖召云、座主、師回首、祖云、従生至老、只是這箇、師因而有省、遂隠西山、更無消息〉、（洪州西山の亮座主、因みに馬祖に参ず。祖問う、「什麼の経をか講ず」、師曰く、「心経」、祖云く、「什麼を将てか講ず」。師曰く、「心を将て講ず」。祖云く、「心は工伎児の如く、意は和伎者の如し、六識は伴侶為り、争でか経を講得するを解せん」。師曰く、「心既に講不得なれば、是れ虚空、講得することなきや」、祖云く、「却て是れ虚空、講得す」。師、払袖して退く。祖召して云く、「座主」、師、回首す、祖云く、「生より老に至るまで、只だ是れ這箇」。師、因みに省あり。遂に西山に隠れて、更に消息なし。）

・踈山（八三七―九〇九）『心経』をもち出してやりこめられた話

僧問蘇州西禅。……翠嵒持師語。挙似踈山。踈山云。雪峯打二十捧。推向屎坑裏著。翠嵒云。和尚與麼道。豈不是打他雪峯過。踈山云。是也。嵒云。眼又作麼生。踈山云。不見。心経云。無眼耳鼻舌身意。嵒不肯云。不是和尚。踈山無言。（……翠嵒、師の語を持して、踈山に挙似す。踈山云く、雪峯を打つこと二十捧して屎坑裏に推向《おとしい》れよ。翠嵒云く、和尚、與麼に道うは、豈に他の雪峯の過を打つにあらずや。踈山云く、是也。嵒云く、眼は又、作麼生。踈山云く。見ず。心経に云く、無眼耳鼻舌身意。嵒、肯わず。云く、是《しから》ず、和尚。踈山言なし。）（『祖堂集』巻七　雪峯章）

・芙蓉道楷（一〇四三―一一一八）と慈受懐深（？―一一三二）が『心経』註

〇五代、宋の禅宗

教外別伝・不立文字を標榜したので、『般若心経』についての言及は見られない。

〇日本の仏教

平安時代　空海（七七四―八三五）真言宗『般若心経秘鍵』（一巻）

済暹（さいせん）（一〇二五―一一一五）真言宗『般若心経秘鍵開門訣』（三巻）

覚鑁（かくばん）（一〇九五―一一四四）密教的浄土教　般若心経秘鍵略註（一巻）

池田魯参によれば、道元は如浄の風鈴頌を引いて「明曠や空海の伝統的な『心経』解釈を超えて、禅宗によって新たな境地を切り開こうとした。」（二一八）と言う。

『心経』は、日本の臨済宗でも、一休宗純（一三九四―一四八一）の『般若心経提唱』『般若心経仮名抄』、盤珪永琢（一六二二―一六九三）の『般若心経鈔』、白隠慧鶴（一六八六―一七六九）の『毒語心経』などがあることからも重視されており、寺院の日課として読む経となったようである。曹洞宗でもよく読まれる。

本文の解釈に入ろう。

道元が《摩訶般若波羅蜜》で『般若心経』の中で引用しないところは、後半すべてであり、引用しているのは次の取り消し線を除いたところである。これらを巻の最初と最後に引用している。

観自在菩薩。行深般若波羅蜜多時。照見五蘊皆空。~~度一切苦厄。舎利子。~~

色不異空。空不異色。色即是空。空即是色。受想行識亦復如是。舎利子。是諸法空相。不生不滅。不垢不浄不増不減。是故空中。無色。無受想行識。無眼耳鼻舌身意。無色声香味触法。無眼界。乃至無意識界。無無明。亦無無明尽。乃至無老死。亦無老死尽。無苦集滅道。

引用しなかったところに説かれているのは後半の次のような内容であり、「舎利子」という呼びかけも省かれている。

一、苦（生老病死）を度すという救済。

二、般若波羅蜜に依って涅槃を得るという救済。

三、神咒

さて、道元の本文は、『心経』の引用と思われる言葉で始まる。

道元は、人々に対する最初の説法で、「禅宗」に対する期待、すなわち「直指人心・見性成仏・以心伝心・不立文字」という、すでに伝えられていた少室六門の『血脈論』の言葉、あるいは唐末から盛んにいわれている「教外別伝」というような思想を期待していたであろう人々の想いに反して、説法の最初に「教」であり「文字」に記された『心経』の最初の部分を挙げたのである。

それだけでも、驚くべきことといえようが、たんに『心経』を引いたのではなく、自らの読みをそこに入れ込んでいる。具体的にその読み込みの部分を示すと『心経』本文は次のように傍線で示され、そこに「渾身」という詞を挿入している。

〈観自在菩薩の行深般若波羅蜜多時は、渾身の照見五蘊皆空なり。〉

これは一見、『心経』と同じように見える。多くの解釈もそう取る。だが、大違いなのだ。まず、『心経』をふつうに訓み下せば、「観自在菩薩が、深い般若波羅蜜多を行ずる時、五蘊は皆空なりと照見す」である。「観自在菩薩」はこの一文の主語であり、述語は「照見五蘊皆空」であり、そこに条件節（〜の時）がはいっているが、その主語も内実は「観自在菩薩」であり、述語は「行深般若波羅蜜多」である。

ところが道元の文では、主語は「観自在菩薩の〜する時」であり、述語が「渾身の照見五蘊皆空なり」である。「観自在菩薩の行深般若波羅蜜多」は「時」を形容するものとなっている。

「時」を主語、あるいは主語に近いものとして取るということは、普通あまりないのであるが、これは《現成公案》冒頭の〈諸法の仏法なる時節……、万法ともにわれにあらざる時節……〉を思い起こさせる道元独自の思惟である。

道元にとってはどういう時節か、ということが非常に重要なのである。例えば〈凡夫にある時節〉《有時》があり、〈衆生作仏作祖の時節〉《諸悪莫作》があり、〈大悟底人却迷時の時節〉《大悟》もある。《礼拝得髄》は〈修行阿耨多羅三藐三菩提の時節〉で始められている。

ここもまず、「観自在菩薩が深般若波羅蜜多を行ずる時は」で始められている。その「時」は、「照見する」という主体の動作を示す時ではなく、「渾身の照見五蘊皆空である」という身体挙げての状態を表している。状態であって、動作ではないことに注目したい。

弟子丸『解釈』の現代語訳にはたしかに「観自在菩薩が、最高の智慧を完成しそれを体得した時は」（五八）となっているが、なお条件を表す副詞節であり、主文の主語は、明確に示されていないが「一切の存在の五蘊（五要素）……も、結局は空（本体のない存在）であることを全身をもって（坐禅の非思量を通して）観達したのである。」（同）と、述語は経文通りに「観達した」という動作と取る。

主語を「〜時」と取り、述語を動作としないのは門脇『身』だけである。

また、道元が付け加えた「渾身」という言葉は、すでに指摘されているように、後の如浄の偈で〈渾身、口に似て虚空に掛かり〉の「渾身」と響きあって、明らかにその偈を意識して付けられたものである。詳しくは後に論ずる。

さらに「度一切苦厄。舎利子」が省かれていることは、観世音菩薩（あるいは仏）が苦（生老病死）を度す〈救済する〉という救済者であることの否定である。『心経』ではどのように度す（彼岸に「渡す」、という意味）かといえば、一切は空で無いのだと照見することによってであり、道元がそのような救済を否定していることは、『心経』の後半にある「無無明。亦無無明尽。乃至無老死。亦無老死尽。」「能除一切苦」が、道元の本文に取られていないことからも見て取れる。

したがって「度一切苦厄」が除かれたのは、漠然としたものではなく、観音信仰の基盤となっている法華経普門品の、その名をとなえれば、さまざまな苦厄、難儀から救われるという現世利益的、呪術的側面をきっぱりと切り捨てたことを示す。そのことは、『心経』を呪経たらしめている呪の部分「是大神咒。是大明咒是無上咒。是無等等咒。能除一切苦。真実不虚故。説般若波羅蜜多咒即説咒曰掲帝掲帝般羅掲帝般羅僧掲帝菩提僧莎訶」にも一切触れていないところにも明らかに伺われる。

『心経』で、何を道元は無視したか、ということも非常に重要なことである。道元は意図して抜苦の菩薩たる観世音菩薩のイメージを取り除き、呪経である面を無視したのである。

その〈観自在菩薩〉については、弟子丸『解釈』（一九―二二）が指摘しているような道元の観音信仰という側面もあるかもしれないし、「われわれは観音の悲智により、自己を観音として行じなければ、百千の観音も、何の役にも立たない。観音即自己、観音行即自己行にしてはじめて観音智は授けられるのである。」（七二）や、あるいは内山『味わう』が「普通、観自在菩薩といえば、俺とは関係がないことだと思っているが、そうではない。

いまわれわれは、ほんとうは誰も彼も観自在菩薩でなければならない」(二九)という、実存的解釈の余地がある。沢木興道老師の遺稿には「行深般若波羅蜜多時」に対して『証道歌』が「岑崟幽邃長松下。優游静坐野僧家。関寂安居実酒《ママ》(瀟)」(弟子丸『解釈』五九)と引かれ、坐禅人を示している。そのようにしてはじめて、後の「風鈴頌」との響き合いになるのであろう。したがって「観自在菩薩」は我々を含めた修行者ということであり、門脇のように如浄と道元に限定する必要はまったくない。

以上のことを考えれば、この巻が道元による『心経』の「意味」(水野)、「説明」(西嶋)であるとか、同じという意味での「換骨」(西有)だとは言えない。

ここで見逃してはならないのは、『心経』の言葉ではあるが〈行深般若波羅蜜〉といわれていることである。「般若」ということについて、諸釈はいろいろ説明する。だが、むしろ道元は般若を行ずる、と言っているのであって、般若が何々だとは言っていない。般若は、思慮され、説明されるべきものではなく、行じられる事態なのである。西嶋、酒井は、その点については正しく指摘している。

そのように「智慧を行ずる」ということであれば、道元は「この煩悩具足の我々の身心を『皆空』と徹見し、さらに『みんな般若』と照見され」た(弟子丸『解釈』)などという説明が無益なことがわかろう。

般若が行じられるものだ、ということは、おそらく般若経典に広く通じる了解であろう。後に引かれる『大般若経』著不著相品でも、「菩薩摩訶薩行般若波羅蜜多時」(T6,p.478a)が繰り返されるのである。つまり、般若は戒定慧として定と区別された慧ではなく、定という行と一つの慧なのである。つまり定慧等学でも行解相応でもなく、「定慧一等」(六祖)なのである。

その修行者が〈行深般若〉の時は、〈渾身の照見五蘊皆空〉であるという。この表現は、心や人の智慧が「五蘊は皆空だ」と悟ったのではない、ということをはっきり示している。

酒井が「『渾身の照見』というのは身体全体のあり方だ」（六九）ということであろう。

もう少し詳しく見ると、全身を挙げての〈照見五蘊皆空〉とは、いかなることだろうか。諸釈がなしているように、この経典が意図している「五蘊皆空」の空思想を説こうと思えばいくらでも展開できようが、道元はそれをあえてしていない。それは「照見」も「五蘊」もこの後、詳しく説明されるのに、「皆空」については一切触れられていないことからも明らかである。その「説かれていない」点を重く見たい。

「照見」についてはすぐ後で〈照見これ般若なり〉と言われる。この「照見」とは、『聞解』がいうように宏智の『坐禅箴』でいわれる「不対縁而照、其照自妙」の「照」と呼応する。つまり主体の働きとして対象を見ることではなく、まさにこれという対象（縁）を立てないで照らし観じることである。その「照見」が、般若すなわち深い幽邃な知であることは、『坐禅箴』で続いて「不触事而知、其知自微」（事を触せずして知る、その知、自ら微なり）といわれることからも、容易に察せられる。「照見」は、まさに坐禅の当処において主体に現成している事態をいうにふさわしい表現である。

その二

五蘊は色・受・想・行・識なり、五枚の般若なり。照見、これ般若なり。この宗旨の開演現成するにいはく、色即是空なり、空即是色なり。色是色なり、空即空なり。百草なり、万象なり。

［注釈］

○**五蘊**　**pañca-skandha**　ゴータマ・ブッダが説いたというより、中期の原始経典の用語としてパーリ本相応部（サンユッタ・ニカーヤ並行は雑阿含）に出る用語である。これは「無我」を説くための説明の一つで、人間にはアートマンがあるのではなく、「五蘊」（雑阿含では五陰）すなわち五つの集合（蘊＝巴 **khandha**, カンダ、梵 **skandha**, スカンダ塞建陀）であるとする。五つとは、色（物質、形相）、受（感覚知覚作用）、想（思考・感情、表象作用）、行（仏教教理の固有の術語として使われる「行」の原語に、**saṃskāra**《形成力、形成されているもの》あるいは **saṃskṛta**《形成されたもの、有為》があり、本来、造作《つくること》と遷流《移り変ること》の二義があるという。意志作用とも）、識（認識作用）である。唯識教学において有為七十五法にも配置される基本用語である。

○**般若**　サンスクリット語 **prajñā**（プラジュニャー）、パーリ語 **paññā**（パンニャー）。深い智慧、根源的な叡智などの意。

○**五枚**　「枚」は薄い平たいものを数える数詞であるが、ここでは般若など抽象名詞で元来数えられないものを数える数詞として用いている。道元独自の用法で、『眼藏』には多く用例がある。

＊道元用例

〈魔子一枚〉〈羅籠一枚〉〈半枚学仏法辺事〉以上《仏性》、〈生は一枚にあらず〉《身心学道》、〈一枚面目〉《行仏威儀》、〈一枚の大悟〉《大悟》など。

もちろん数えられるものについても〈千枚の死皮袋〉《大修行》、〈眼皮一枚〉《十方》などと使われる。「枚」が数えるための用語であることは〈一枚二枚三箇四箇拈来して〉《諸法実相》、〈面面の不会なり、枚枚の不会なり〉《行仏威儀》、〈生は一枚にあらず、死は両匹にあらず〉《身心学道》などの用法から窺える。「枚」については弟子丸『解釈』（七二）にも言及される。

○**開演**　仏は法を開示演説する。例えば「為説三乗、令諸衆生知三界苦、開示演説、出世間道」（為に三乗を説きて、諸の衆生をして三界の苦を知らしめ、出世間の道を開示演説す『法華経』T9p.15a）。その「開示演説」の略。

○**百草、万象**　具体的なさまざまなもの。四字熟語にもなっている。

＊道元用例

〈尽地に万象百草あり、一草一象おのおの尽地にあることを参学すべし。〉《有時》

〈現成せる百草万象の猶若なる、しかしながら仏真法身なり。〉《都機》

【現代語訳】

五蘊とは色（物質）・受（感受）・想（認識）・行（運動器官への伝達作用）・識（識別作用）である。それは五つの般若である。照らし観ること、これが般若である。この根本の宗旨が説示され現成されたが、そこでいわれるのは、色そのままが空である、空そのままが色である。色は色であり、空はすなわち空である。さまざまな事象であり、あらゆる現象である。

【諸釈の検討】

『聞書』

又照見は智慧なり、般若［と］同事也。又五蘊を皆空と見る時こそ仏法なれ、それをこそ又照見ともいわめと、思［う］はあやまりなり。空と云［う］が必［ず］五蘊をなからしむるにあらず、五蘊、日来《ひごろ》の我等が見の五蘊にあるべからざるゆへに、能行の菩薩、所行の五蘊とは云わず。観自在菩薩やがて照見也。習仏法をば身心解脱の料也。世間の五蘊を解脱して仏法の五蘊をしるべし。照見、色法につくるとも色法の様、又世間なかるべからず、空も五の空あるべし、色空受空想空行空識空あるなり。ゆへに五枚の般若なり。……五蘊皆空は観自在菩薩の面目也。

五蘊を皆空と見て、それを照見ともいう、という普通の解釈を「あやまりなり」としていることは、その通りであろう。また、「世間の五蘊を解脱して仏法の五蘊をしるべし」とあるのは、「解脱」がひっかかるが、そういうことであろう。だが、それが空の五蘊ということであれば、問題である。

『御聴書抄』

五蘊色受想行識等、皆般若と談［ずる］也。打任て（ふつうに）は此［の］五蘊を皆空也と、観音、照見し給［う］様に心得ぬべし、然者《しかれば》人法二になりぬべし。更［に］非此［の］儀《ママ》［にあらず］、照見も五蘊も渾身も般若と談［ずる］也。……然而《しこうして》能能《よくよく》談ずれば、只、色是色空即空の道理なり、又不可限之［にかぎるべからず］、百草なり万象也とも無尽の道理

あるべし。（一五九―一六〇）

観音と五蘊が能所ではない、とは『聞書』を承けているが、「照見も五蘊も渾身も般若」とは道元はいわない。《仏性》巻の解釈で、「なんでも仏性」とした同じ方法が取られているが、正しくあるまい。

『聞解』

五蘊皆空と知る是［れ］般若也。（一五八）

色はやはり色で、色に色なるものが無い、空も亦爾《しか》［り］。（一五九）

『聞書』と『御聴書抄』の説を踏襲していないが、これでは普通の『心経』の理解であって、教学者らしい解釈だが、『聞書』などの方が道元の意をくんでいよう。

『私記』は『御抄』を引くのみ。

弟子丸『解釈』

五枚の渾身般若は照見五蘊皆空であり、色受想行識であると示されている。この色は対象界ではなく、主体として立てられた存在であり、肉体である。それらを対象視する『照見』が般若という考えである。（六一―二）

道元禅師は『五蘊皆空』から『五蘊皆般若』と達観され、その達観・照見これ般若なりと示されている。この煩悩具足の我々の身心を『皆空』と徹見し、さらに『みんな般若』と照見され、しかも五蘊を一つ一つ分析し、五枚の般若ハラミツとされ、この五蘊の一つ一つが般若の源泉であり、そこから般若の知恵ハラミツが湧き出ると説かれているのである。これは一見大へん矛盾しているように思われるが、しかし煩悩即菩提といい、色即是空、空即是色という、このことは、今日の大脳生理学から言えば、当然のことであり、我々の大脳自体に、二つの矛盾した意識がなされていることは、誰で

もすぐうなずけることである。（七六）

ここで「色即是空とは、百草なり、万象なり、」すなわち宇宙の全存在、全現象の全体も個々もすべて、そのままが般若ならざるはないと百草・万象は、それぞれの性・相をもって存在する個別存在の現実性を意味する。その時の宇宙の全存在・全現象は、真如そのままの表現としての存在現象なのであるから、その逆もまた真なりといえる。（八四）

色を主体として立てられた存在で肉体であるというのは、人間の分析としての五蘊であるから、それでもいいだろうが、その色を「対象視する照見」というのは、だれがその主体を対象視するのか、理解しがたい。「照見」は何かを対象として見ることではあるまい。また百草万象を「宇宙の全存在、全現象」というが、道元は、諸々の個々の物を指して「百草万象」というのであるから、ふさわしくあるまい。また五蘊を般若ではなく、「般若の源泉」とし、大脳と結びつけるのは、「般若」を智慧として頭の働きとするからではなかろうか。五蘊から般若の智慧が出るのではなく、五蘊が般若（智慧ではない）であると道元はいう。

内山『味わう』

色是色、空即空。これをお釈迦さまの時代は波羅提木叉といった。道元禅師は『修証不二』といわれた。（四一）

「色是色、空即空」がなぜ「波羅提木叉」（パーティモッカで戒律条項・具足戒）なのか、まったく不明で、またそれがなぜ修証不二となるのか、わからない。

西嶋『提唱』

「色・受・想・行・識」と言うのは、仏教の立場、正しい知恵の立場から見ても誤りのない五つの言葉である、そういう意味で、「五枚の般若なり」。（四九）

「色是色なり」、物質世界は物質世界として厳然として存在しており、これが我々の日常生活の実感。それから「空即空」、「なあに、問題にすることは無い。ただ一生懸命やるだけだ」と言う風な立場に立てば、何でもないと言えば一切が何でもない。そのことを、「空即空なり」。（五〇）

門脇『身』

『心経』では五蘊のそれぞれに「無」がついているが、それは、気づかれていない。「色受想行識」自体が、（原始）仏教の立場であり、その意味で正しい智慧であるのに、「誤りのない」言葉とはどういうことか。また〈色是色〉は、「我々の日常生活の実感」というようなことだろうか。〈空即空〉は「何でもない」といえるのだろうか。

文中の「渾身」は全身般若と化した菩薩の身体全体のことである。その上にさらに、このような「渾身」は万法（すべての事物）と一つになった全身である。なぜなら、『身心学道』で道元が説くように、尽十方世界是箇真実人体（全宇宙が真実人体である）からである。このような「渾身」は般若に満ちるだけでなく、万物をもその般若でもって満たしているものである。（八三）

道元は普通の読み方を捩じ曲げ、渾身と般若（仏）と万物の同一化を言表し、仏・自己・宇宙の不分明な全体知を主題化しようと腐心したのである。（八五）

「この宗旨の開演現成」とは、三昧で体験した全体知が自ずから展開し、分節化する事態を指していると言ってよい。「開演現成」と道元がわざわざ力動的な言語を使用したのは、自受用三昧に端坐する菩薩の「渾身」に充満する般若の「活（はたら）き」が現成していく力動的な事態を表現したかったに相違ない。（八五）

道元は端坐しながら「世間の五蘊を解脱し」仏法の眼で色が空であると観、さらに空はそのまま色である事態を生き、

行為的直感をもってこの事態を徹見したのである。（八六）

八五頁の叙述は、「般若」をかっこで仏としているところに問題がある。すぐに色受想行識が般若であるといわれているのだから、それを考慮せずに勝手に（仏）にするわけにはいかない。そこから渾身も万物も般若に満たされている、とはいえない。まして、「渾身と般若（仏）と万物の同一化」や「仏・自己・宇宙の不分明な全体知」など、道元とは無縁の思想である。また「開演現成」に、道元の端坐からの行為的直感を読み取ることは、行き過ぎであろう。

酒井『真実』

その色受想行識というのはどういうことかと言いますと、どの働きも、色の働きも受の働きも全部、尽十方界の真実の様相を示すものです。……この姿というものが、つまり般若ですね。（七〇）

「照見これ般若なり」―照見と言いますと、さっき私は「見るもの・見られるものの関係ではない」と。この照見は、五蘊の働きです。（七二）

この場合の現成は、公案現成という意味と同じことです。……開演して真実をお目にかけるというような意味ですね。（七三）

色法というのは我々を囲んでいる環境全部が色法になるわけだね。……ところでその色法が「色即是空」。単なる存在じゃありませんね。つまり色法ということも、尽十方界の真実の一様相と言ったらいい。（七六）

「色」と言うものは、決して他のものじゃありません。どこまでいっても、色の段階においては半分これが受にはなりませんし、想にはなりません。色はどこまでも色です。この色是色ということでなければ、実は空と言うことにはならない。（七八）

五蘊の働きが「照見」ということは本文から出て来ない。五蘊が般若、照見が般若、だから五蘊の働きが照見だというのだろうか。そうなら、この巻で「般若」とされたすべての事物が等号で結ばれることになるが、そんなことはあり得ない。

森本『読解』

〈この宗旨の開演現成するに〉以下については次のように言われる。

以上のような大本の趣旨は開き述べ、見聞することの可能な現実的な様相において成就させたものとして、「色即是空」と「空即是色」と言う表現に注目されるわけである。しかも、さらに、いかに「即ち是」で繋がれるとはいえ、現象的要素としての「色」と非実体性そのものとしての「空」とへの二元論的な分別の設定に陥りかねない立場を、あくまでも避けるために、あえて、「色是色なり、空即空なり」と言い換えられるのだ。……一般的な性格を持つ抽象性への傾斜が残るのを免れるために、一歩を進めて、「百草なり、万象なり」と述べられることによって、それぞれの相を持って存在する数限りない個別的な現象の他には何もないのだということを確認するのである。（六七）

「色即是空」の「色」を現象的要素といい、「空」を非実体性そのものというが、現象なら「相」であろうし、非実体なら「無」でも「虚空」でもそうである。仏教用語を安易に哲学的用語に置き換えるのは問題が多い。

竹村『講義』

『般若心経』の中では、「照見五蘊皆空」と見た。そして「無色無受想行識」というようにいわれてくるわけで、それは無の五蘊はあるともいえます。つまり、実態としての五蘊は否定されたが、その本体をもたない、無自性である五蘊はあるということです。（一九〇）

その初めの無色受想行識、それは逆に般若の中で知られた五蘊だ。無いというよりも無の色受想行識である。それは我々が対象的に考えるような、実体的な五蘊ではない本来の五蘊であり、それは般若の中でそれと一如する中で見られた五蘊だ、というように、道元は進めておられるわけです。（一九二）

こうして五蘊も般若だし、照見も般若だと言います。五蘊と照見が般若で一つになっているわけですから、そこは、主客未分の世界にある一真実です。禅定の中で体得される主客未分の一真実、そういうことが般若波羅蜜を行じたときに了解されるのだ。それを『般若心経』に即していえば、五蘊なら五蘊と一つになるよというわけです。（一九二）

行深般若波羅蜜多時のそのただ中で身心脱落して、しかも脱落身心とよみがえる。そこに展開している命そのもの、現象そのもの、その世界のことを色即是空・空即是色といっているのだ。……要するに只管打坐の世界そのものの消息。（一九三）

だから色即是空・空即是色というのは、まさに「色是色」であるというふうにもいわれますし、空なら空になり切っている世界ですから、「空即空」なのだといわれます。（同）

道元独自の「無」を取った「色受想行識」という本文に対して、それを意識して「無の色受想行識である」というが、「無」をふたたび加えることによって、道元の意図を台無しにしている。また「対象的に考えるような、実体的な五蘊ではない本来の五蘊」というが、原始仏教以来、人間をアートマンを持つ者（ヒンドゥー教）としないで、人間は「五蘊」すなわち五つの要素の集合体であると説いてきたのである。五蘊を実体としたのは、アビダルマや唯識など後の教学である。また禅定の中で体得される「一真実」が、般若波羅蜜を行じたとき「了解」されるというが、道元には行において「了解」されるようなもの、覚知に交わるものはない。またこれでは禅定と般若波羅蜜を行ずることが、別々のことであるように聞こえる。

頼住「一考察」

この「色是色」という言葉は「空即是色」を否定するものではないが、特に「空」なる個物のその具体的絶対性を強調した言葉になる。……「百草」も「万象」も「色是色」と同様に、絶対性を帯びた具体的個物であると言うことができるのだ。この文章を通して道元は、「般若波羅蜜」「五蘊皆空」という、無我、無根拠、無分節を端的に示すいわば否定面より、個物の絶対的な立ち現れという肯定面を、つまり、「空」より「有」を強調しているのである。（三〇）

「色是色」、「百草・万象」を、頼住は「『空』なる個物のその具体的絶対性を強調した言葉」というが、「絶対性」とは何だろうか。「絶対性」の同義語は、ある辞書に拠れば、不変性、恒久性、永遠性、恒常性、持続性、永続性だというが、そういう意味なのだろうか。安易な思想用語を使うことは、避けるべきである。「空」より「有」を強調するというのは、その通りであろうが、「空」に対するなら「色」であり、「有」に対するなら「無」であろう。

【私釈】

道元は〈色即是空なり、空即是色なり。色是色なり、空即空なり〉の前に、〈五蘊は色・受・想・行・識なり、五枚の般若なり。〉という。しかし『心経』の本文は「五蘊皆空」のあとに「度一切苦厄舎利子」があり、続いて「色即是空、空即是色、受想行識、亦復如是」と続いている。「度一切苦厄舎利子」という現世利益的部分が省かれたことはすでに述べた。また後に「色即是空、空即是色」も言及される。しかし、その後の「受想行識も亦復《ま》た是の如し」とは、「色」で説いたことと同じだということで、それを具さに説けば「受不異空、空不異受、受即是空、空即是受、想不異空……」ということになる。つまり色受想行識が「空」と「即是」だということとこそが、『心経』に説かれているのであり、それがこの経の眼目である。あるいは経文はすぐ後で「是故空中、無色無受想行識」と続く。空の中では無色、無受ないし無識である、あるいは色無く、受無く、想無く、行無く、識無しと説かれている。

しかしながら、道元の解釈では『心経』の肝心要めの「空」あるいは「無」が抜け落ち、単純な語句の説明とも思われる〈五蘊は色・受・想・行・識なり〉という叙述のあと、それらが〈五枚の般若なり〉、つまり五つの奥深い知恵であると全面的な肯定になって、それらが空であり、無である、という『心経』の主張はまったくはずされてしまう。

そこで『聞書』や竹村『講義』のように「無」をどこかに入れてそれを補う解釈もある。だが道元は原始仏教の基本的範疇である五蘊すなわち「色受想行識」がそのまま般若であるといっているのだ。そのような解釈は、小乗教学を批判した大乗経典としての『心経』の意味をなくしてしまう。（もっとも『心経』を一面においてこのようにラディカルに無化しているからといって、道元の主張が空思想に悖るものだということでは全くないことは最後に明らかにされる。）なぜ、道元はこのようにいうのか。

大乗仏教の「空」思想ではなく、原始仏教の基本概念を「般若」とする道元の姿勢は、大乗仏教である「禅宗」、しかも教外別伝としての「禅宗」の宗旨が説かれることを期待していた聴衆に驚くべき衝撃をあたえたのではなかろうか。いや、これが実際にどのように説示されたかは別として、そのことを聞いて、これが『心経』文言の批判だと理解したものはほとんどなかったのではなかろうか。

しかし、このことは道元にとっては自分の経典に対する態度として、始めて行う示衆の最初に、是が非でも人々に向かって明らかにしておきたかったのだろう。

そのような道元の立ち位置は、師である如浄の「祖師の児孫は大小両乗の所説を強いて嫌うべからざる也。学者もし如来の聖教に背かば、なんぞ敢えて仏祖の児孫と称する者ならんや」(『宝慶記』一五)という、禅宗の祖師としてはきわめて稀な忠告を聞いたことから来ている。道元は小乗仏教だからといって、その教説を無みすることは終生なかったが、その第一声がこれである。

『正法眼藏』《仏教》巻では三乗十二分教が肯定的に扱われており、小乗修道教学の総まとめともいうべきものは、《三十七品菩提分法》として『正法眼藏』の一巻を構成している。十二巻本では阿含経が何度も引用され、たとえ、『摩訶僧祇律』が有部所属だと誤認していたとしても〈仏法は有部すぐれたり〉《供養諸仏》とまでいっている。

『心経』など経典の義解(知識としての理解)に対する批判的態度そのものは、唐代の禅僧の痛烈な批判として共通するようにも思われる。ただ、禅師たちの多くは「覚えた知識や理性的思惟の問題ではなく、お前自身の実存問題なのだ」と突き放すのが、その応答の仕方であった。しかし、道元はその知識に類するような教学の範疇である「色受想行識」を、五つの般若、深淵な智慧である、と全面肯定するのである。

では、五蘊が五つの般若であるということを、どう理解したらいいのか。もし、本文の後に出てくるような「施設可得」、すなわち言語で仮に表現したものとみれば、仮に立てられた見方として、人は我＝アートマンがあるのではなく、五つの要素の蘊(あつまり)であると認識したことが、深い知恵であり、したがって、「五蘊」という範疇は、仏教の大切な知恵であるということになり、きわめて当たり前のこととして頷ける。そして原始仏教の教えの肯定ということになる。しかし、この解釈を取るものはない。酒井『真実』は五蘊の働き自体を般若とするものであり、竹村『講義』は「般若の中で知られた五蘊」という。その検討は同じ問題を六根、六境、六識として扱う次節でさらに深めたい。

先に序べたように「色受想行識」を「五枚の般若」とすることは、いちおう原始仏教の諸範疇の肯定であろう。なぜなら大乗般若経が批判して、原始仏教の諸範疇に「無」を付けたのは、有部などがそれを法（ダルマ＝常恒不変の実体）としたからなのであり、範疇自体を批判したのではないからである。だが、「五枚の般若」は、それにとどまらないだろう。ただの範疇として、その五つが集まった身体を表す表現というのであれば、〈積聚の五蘊なららんと許せば、小乗の自調に同ぜん〉《自証三昧》といわれる「積聚の五蘊」である。そのような五蘊に対する〈小乗の自調〉とは、『達摩多羅禅経』に「其心極寂静総見五陰相」（T15,p.313c）、「修行観入」（T15,p.321c）などと説かれる五蘊を対象とする観法であろう。

五蘊がていねいに〈色受想行識なり〉と開かれて、それを〈五枚の般若なり〉というのであるから、「受」なら「受」、「識」なら「識」が素晴らしい深い「智慧」である、ということだろう。じっさい人体の感覚、思考、認識等の働きはじつに精妙で人知で測りしることができない。

道元は《身心学道》に〈人体は四大五蘊なり、大塵ともに凡夫の究尽するところにあらず、聖者の参究するところなり〉といっている。おなじような発想ではなかろうか。もちろん「五蘊」は、『倶舎論』などでは有為に属するもので、たいていの人は感覚、思考、認識などに振り回されて苦しむものである。しかし、それは五蘊の使い方、用い方に問題があるからだ。道元においては例えば〈行持によりて、四大五蘊あり〉《行持》のように、迷悟双方に使われる「自己」などの言い換えとして用いられる。自己はそれを〈はこびて万法を証す〉れば迷となり、自己を脱落し、〈万法すすみて自己を修証〉するありかたが〈さとり〉なのである。行持によってある「五蘊」は後者の五蘊にほかならない。

さて、『心経』の表現への道元の批判は「色不異空、空不異色。色即是空、空即是色」の前半を「色是色なり、空即空なり」と独自の句に変えているところにも窺える。『心経』の「色不異空、空不異色」の意味は、色（形あるもの）は、刻々変化しているもの（空）に異ならず、刻々変化しているもの（空）は、色（形あるもの）と異ならない、ということであり、それを更に重ねて色即是空、空即是色「色（形あるもの）は、そのまま刻々変化しているもの（空）であり、刻々変化しているものは、そのまま形となっている」といっており、空思想を、もっと先鋭的な仕方で表したものであろう。

ところが、道元はそのもっとも有名な空の表現「色即是空、空即是色」の前の「色不異空、空不異色」を取らないで、〈色是色なり、空即空なり〉と捉え返す。

〈色是色〉については、諸釈は色を強調した言葉（頼住、竹村、酒井）としたり、解釈を飛ばしたり（弟子丸、『私記』）、色をただ色だとするもの（『聞解』）があるだけで、深く検討した解釈はないが、実はここは禅宗史の空思想批判が下敷きとなっているのではないだろうか。

〈色是色〉は、唐代末期の雲門（八六四―九四九）の次のような「山是山」を思い起こさせる。

上堂云。諸和尚子莫妄想。天是天地是地。山是山水是水。僧是僧俗是俗。良久云。與我拈案山來看。便有僧問。學人見山是山見水是水時如何。師云。三門爲什麼從這裏過。進云。與麼則不妄想去也。師云。還我話頭來。（上堂、云く、諸の和尚子よ、妄想すること莫れ。天は是れ天、地は是れ地。山は是れ山、水は是れ水。僧は是れ僧、俗は是れ俗。良久して云く、我が爲《ため》に案山を拈り來って看よ。便ち有る僧、問う。學人、山を見ては是れ山、水を見ては是れ水なる時、如何。師云く、三門は什麼と爲してか這裏從り過《いた》る。進云く、與麼《よも》ならば則ち妄想し去らざる也。師云く、我に話頭を還し來れ。『雲門広録』T47,p.547c)

雲門がこのような言説を用いるのは、実は痛烈な空思想批判なのである。次のようにいわれる。

挙宝公云。如我身空諸法空。千品万類悉皆同。而立不見立。行不見行。四大五蘊不可得。何處見有山河大地来。

是而毎日把鉢盂噇飯。喚什麼作飯。何處更有一粒米来。（宝公を挙して云く、我が身が空なるが如く諸法は空なり。千品万類、悉く皆な同じ。師云く、爾《しか》れば立てども立つを見ず。行ずるに行ずるを見ず。四大五蘊、不可得なり。何處に山河大地有って来るを見るや。是れ爾《しか》れば毎日、鉢盂を把《とり》て飯を噇《くら》う。什麼《なに》を喚《よ》んで飯と作《な》すや。何處《いずこ》に更に一粒米有りて来るや。『雲門広録』T47,p.555b）

宝公の五蘊も空、諸法も空、一切が空であるという観念論に対して、それなら日常の所作は見えないはずだ。どこに山河大地があるのか、毎日食べている飯は、いったいどこから来るのか、という実際の具体的生活をつきつけて、観念的、抽象的な空思想を批判しているのである。また雲門は次のようにも言う。

問、徹底人見一切法是空不、師云、蘇嚕蘇嚕。（問う、徹底人、一切法は是れ空と見るや。師云く、蘇嚕蘇嚕。『雲門広録』T47,p.550b）

「蘇嚕蘇嚕」とは、『大悲心陀羅尼（呪言）』の「婆耶蘇嚕　婆耶蘇嚕　蘇嚕蘇嚕悉哩薩訶」と用いられる「蘇嚕蘇嚕」である。わけがわからないこととして貶し言葉であろう。これを雲門は多用（七回）し、「蘇嚕薩訶」、「蘇盧薩訶」ともいう。つまり、大悟徹底したら、一切空と見ることができるか、という問に「蘇嚕蘇嚕」、おやまあ、何かいな、とかいってはぐらかしている。「山是山」も同じ主旨の批判としていわれる。そのことを次の問答が解説的に示す。

師一日拈起拄杖挙。教云。凡夫実謂之有。二乗析謂之無。縁覚謂之幻有。菩薩当体即空。乃云。衲僧見拄杖但喚作拄杖。行但行坐但坐。総不得動著。（師、一日拄杖を拈起して挙す。教に云う、凡夫は実、之を有と謂う。二乗は析して之を無という。縁覚は之を幻有という。菩薩は当体は即ち空。乃ち云く、衲僧は拄杖を見て但だ喚んで拄杖と作す。行は但だ行、

坐は但だ坐。総に動著することを得ず。T47,p.555c）

「教典では、凡夫は事実を、有といい、二乗は解析して無といい、縁覚は幻有といい、菩薩は、その当体を空という。だが、わしは拄杖を見ては拄杖と呼び、行はただ行、坐はただ坐……まったく動ずる事などありえない」と、観念的教学、とりわけ、大乗（菩薩乗）の空を批判している。

このような雲門の言葉は、『宏智広録』巻五などによっても道元には知られていたと思われる。〈色是色〉は多くの解釈が、「日常生活の実感」（西嶋）、「色の働きも受の働きもどんな働きも全部、尽十方界の真実の様相を示す」（酒井七〇）などとしているような、私たちの身心の働きというようなものではなかろう。妄想しないで、世俗の見方そのままでいい、といっているわけではない。

道元は《山水経》で先の雲門の言葉を〈やまこれやまといふにあらず。山これやまといふなり〉と解説する。最初の「やま」は私たちが自分の感覚で見て判断する山であり、後の「山」は、そのような私たちの感覚判断を離れたあるがままの山である。後者の意味で〈色是色〉といわれているのだろう。私たちの感覚判断を離れたあるがままの「色是色」とはたとえば次のように言われる。

〈山河大地心は、山河大地のみなり。さらに波浪なし、風煙なし。日月星辰心は、日月星辰のみなり。さらにきりなし、かすみなし。生死去来心は、生死去来のみなり。さらに迷なし、悟なし。牆壁瓦礫心は、牆壁瓦礫のみなり。さらに泥なし、水なし。四大五蘊心は、四大五蘊のみなり。さらに馬なし、猿なし。椅子払子心は、椅子払子のみなり。さらに竹なし、木なし。〉《即心是仏》

次の〈空即空〉という用例は『正法眼蔵』ではここだけであり、〈空即空〉は、必ずしも「空是空」と同じではないかもしれないが、「空是空」は次のようにいわれている。

〈色即是空といふは、色を強為して空とするにあらず、空をわかちて、色を作家せるにあらず、空是空の空なるべし。空是空の空といふは、空裏一片石なり〉《仏性》

「空裏一片石」とは、一つの石を容れ得る何の碍《さまた》げもない開けそのものの「空」という意味であろう。「空是空」の空とは、そのようなただの空っぽの空だというのであろう。だが多くの解釈では、空観哲学における「空」の説明をいろいろ展開している。「空」の説明は具象の余地がないので必ず、理に、観念に傾く。『中論』も、そのような理詰めの論である。だが、そのような「色即是空」に引きずられた説明をふっ切るためにも「色不異空」ではなく、〈空即空〉、空は即ち空なのだといわれていると思われる。

本文は続いて〈色是色、空即空〉がより具体的に〈百草なり、万象なり〉と展開される。「百草、万象」は様々な具体的な物象にほかならない。しかし、〈色是色〉と同様に、私たちが見聞きし知る具体的な様々な事物をいうのではあるまい。『証道歌』に「了知二法空、無相無空無不空。即是如来真実相。心鏡明鑒無礙、廓然瑩徹周沙界。万象森羅影現中。（二法、空にして無相なることを了知す。無相は空無く不空無し。即ち是れ如来の真実相なり。心鏡は明らかに鑒《み》て礙《さまた》げ無し。廓然として瑩《けい》徹し沙界に周《あまね》く、万象森羅、中に影現す。）〈T51,p.460c〉とある。この「万象森羅」は〈百草、万象〉と同じであり、「心鏡明鑒無礙」という坐禅において影現するものであって、決してあらゆるもの、万物と言い換えられるものではない。

二節　般若心経の無を取った諸範疇はそれぞれ般若

般若波羅蜜十二枚、これ十二入なり。また十八枚の般若あり、眼・耳・鼻・舌・身・意・色・声・香・味・触・法、および眼・耳・鼻・舌・身・意識等なり。また四枚の般若あり、苦・集・滅・道なり。

〔注釈〕

○**十二入**　「入」というのは、感覚器官（六根）を通じて、その対象（六境、あるいは六塵）の情報が人間に入ってくるからであり、十二入は、すぐ解説される通り六根と六境である。

○**十八枚**　道元が続いて書いているように、十二入＋六識（眼、耳、鼻、舌、心、意の識）で十八界。『心経』には「無」をつけて「無眼耳鼻舌心意、無色声香味触法、無眼界乃至無意識界」とある。小乗有部では十二入十八界を有為法として含む五位七十五法を立て、それぞれを法（ダルマ）で常住不滅の有であるとする。

○**苦集滅道**　いわゆる四聖諦で、苦は一切皆苦、集は苦の原因の因果、滅はその苦の原因を滅すること、道はそのための在り方。仏教の基本思想。『心経』には「無苦集滅道」と「無」をつけて説かれる。

【現代語訳】

般若波羅蜜が十二箇、これは十二入である。また十八箇の般若がある。眼・耳・鼻・舌・身・意、色・声・

香・味・触・法、および眼・耳・鼻・舌・身・意識等である。また四つの般若がある。苦・集・滅・道である。

【諸釈の検討】

『聞書』

「六根をば浮根とも云［う］也」（一六一）と、浮根や内根という別名を挙げて説明するが、本文とは無関係。

『御聴書抄』

現成公按の時、諸法の仏法なる時節、迷悟已下七種を被挙《あげられ》き。不可限七種［七種に限るべからず］、万法をあぐべし。……其の定に是も、般若の下に諸法を挙［ぐ］べけれども依無尽期［尽きる期無きに依りて］、先［づ］少分を被載《のせらる》る可心得也。（一六〇）

たしかに現成公按の時、諸法の仏法なる時節と同じ時節のことだが、無限にあるものの、ただ少分を載せたというだけでは不十分であろう。

『聞解』

已下至行住坐臥［に至るまで］有教家註［教家の註あり］説焉《ここ》［に説くこと］略す。

これでは教家の説も道元のいうことも同じことになってしまう。

弟子丸『解釈』は十二入十八界を解説した後にこういう。

なぜこれらの五根・五境に、さらに一根一境を加えた、六根・六境の十二入が般若ハラミツになるかということである。

それは六根・六境も、それらの一つ一つ、そのもの自体には、なんら存在の独自性はない。いずれも仮和合から成立しているのである。従ってそれは無自性であり、十二個とも各々空なるものである。こう達観する「照見」が般若の智慧の光を放つのである。（一〇三、四）

道元がいわない「無自性・空」で十八界が般若であることを教義的に説明することは、本文の解釈にならない。唐代の禅師だったら、大声でどなったり、いやというほどつねって、「無自性・空」という観念をへし折ったであろう。空思想も「無自性」も『正法眼蔵』に説かれないのである。

内山『味わう』

やはり目は目だ。物は物だ。それでいて「見る」という思いができてくるわけだが、まったく不思議だ。思議を超えている。この思議を超えた根本は生命と言うよりほかはない。……その生命の地盤を『般若波羅蜜』という。（四四）

普通なら上の二つ、苦諦と集諦は、般若のうちに入らないと思われやすいがそうではない。苦しみは苦しみながら般若波羅蜜だ。（同）

いろいろな欲でのぼせてくる集諦も、これはこれで般若波羅蜜だ。（四四）

内山は、十八界一つ一つの働き乃至それらの統合的働きを「生命」として「般若」だと捉える。たしかに私たちが生きているこの肉体や精神の働きは、深い計り知れない智慧といえるが、八苦の一つは「五蘊盛苦」であり、それらは煩悩のもとでもある。生命の働きであるという理由によって、それが般若であるとはいえまい。また、苦集滅道の「苦」は、普通の「苦しみ」というより、一切が苦であると洞察したゴータマ・ブッダの智慧、「一切皆苦」という仏の諦め（真理）なのである。また、欲でのぼせてくるありさまが般若とはいえないだろう。

西嶋『提唱』は、十二入十八界など、すべて仏教教理の説明をして、それを日常生活の場面に適用している。般若が大乗仏教の根本だという前提すらないから、『心経』で無をつけていわれたことが、道元によって取り去られていることにも気がつかない。最後にこういわれる。

こういうふうに、この『摩訶般若波羅蜜』の一番最初のところで、道元禅師は、智慧というものの意味か、何かを一所懸命行ずるときに現れるものだ、ということをいわれたと同時に、そういう立場から生まれてきたところのいくつかの正しい智慧というものがある、それがいまここに述べたようないくつかのものであると、こういうことをまず述べられた。（五九）

仏教教理の諸範疇は智慧でもあろうが、それは「一所懸命何かを行ずる」（渾身行？＝筆者）立場から生まれたものだとはいえない。「そういう立場」とは関係なく、十二処十八界などが般若だというのである。

門脇『身』は道元への過剰な思い入れから、十二処についても「趙州・雲門・夢窓のような人でさえ、六根や六境が般若に満たされ、『到彼岸』つまり輪廻を脱し、彼岸たる涅槃に至る偉大なる『活き《はたら》き』があると見、それを言表したことはなかったように思われる」（八八―九）と持ち上げる。また「四諦が般若の『活き』であることはこれまでの論究と類比的に考えればそれほど難しいことではないだろう。」（八九）という。

輪廻を脱して彼岸の涅槃に至るなどという考えは、〈ただ生死すなはち涅槃とこころえて、生死としていとふべきもなく、涅槃としてねがふべきもなし。このときはじめて生死をはなるる分あり。〉《生死》という道元にはないし、そのことは〈波羅蜜といふは、彼岸到なり、彼岸は去来の相貌蹤跡にあらざれども、到は現成するなり、到は公案なり、修行の彼岸へいたるべしとおもふことなかれ〉《仏教》からも明らかである。六境は六塵として迷いの原因とみなすことはあっても、その「活き」で涅槃に至るとは、誰も説くはずはなかろう。

酒井『真実』

人間自我活動をするのにも、道具立てが必要でしょう。これ必需品だ。この必需品、六根・六境・六識＝十二処十八界というものが一体どういうものかと言うと単なる必需品ではありません。これも自分勝手に作ったものではありません。全部これも尽十方界の真実、つまり身心ですね、……どれ取ってみても、我々の勝手にでっちあげたものじゃない。自然に授かったもの、自然の姿。どれをとってみても、これが現成公案の諸法実相の実物ですよ。その時に、この一つ一つが般若と言うことになる。だから『十二枚の般若』、『十八枚の般若』と、こういうような説明になる。（八二）

苦も集も滅も道も、これは（解脱の道の）調度品みたいなものだ、どうしても欠かすことができない。そうなりますと、これもありがたいもので、これも般若と言うことになるんじゃないかと、そういうような意味になります。（八三）

自我活動に必要な道具立ては「般若」とはけっしていえまい。また自然に備わったものがすべて般若である、というなら、それは自然外道であろう。自我活動を止めても、おのずからある働きであれば、般若といえるかもしれない。四聖諦は調度品ではなく、聖人（仏）の諦めた真理である。

森本『読解』は、ただ挙げられた仏教用語の説明をしているだけである。なぜそれらが般若として挙げられるのか、という問はない。

竹村『講義』は、十八界をこのようにいう。

その中で十八界は絶えず変化しながら相続していく。その変化しながら相続されている十八界の流れの中に変わらないものを見いだす。本当は視覚というのは常に揺れ動いている。それが我々に直接与えられた世界のはずなのですが、そうではなくて、まず変わらないものが先にあると考えてしまう。それはおそらく言語のしわざです。言語というものが介在して本来別々の五感、しかも時々刻々変化している五感、それを束ねて何か一つのものというものを構成してしまう、こ

れが言語のはたらきだろうと思います。机という言葉を与えるから、何か机というものがあると思ってしまう。(二〇二)

私は歩くとか、私は眠るとか、主語—述語する中で主語を実体化していくというような仕方で、言語の世界の学習の中で、自我が実体視されていくし、ものも実体視されていく。そのへんの迷いのただ中からもう一度、本当の命の原初の世界に連れ戻すのが仏教であり、その教理的説明はいろいろあるけれども、そこに直に連れ戻すのが坐禅の世界である、只管打坐であるということだろうと思います。(二〇三)

その只管打坐の中でつかまえられた世界はもう、般若と一枚の世界、主客未分の一真実の世界と言うようなことなのでしょう。それは何にでも適用できるわけで、山に対すれば山と一つ、川に対すれば川と一つという世界が命の根本にあるということなのでしょうから、ただそれは『般若心経』の説明に沿って、『また十八枚の般若あり』と言った。十八界で言えば十八界がそれが般若だ、十八界に対するときは十八界がそのまま般若だと言うような説明をしているわけです。だけれども、あまり十八界だとかなんだとか言うよりも、要するに「渾身の照見五蘊皆空」、ここでもう全てが終わっているのだと思うのです。(二〇三)

この十八界の説明は、それが「一切空」と説かれていれば、いいかもしれないが、そうは説かれていない。むしろ竹村のこの論述こそ「教理的説明」であり、「言語のしわざ」に他なるまい。初めの「五蘊皆空」という「空」の説明で、この巻の解釈を押し通すことは、空を説かないこの巻にはふさわしくない。

「あまり十八界だとかなんだとか言うよりも、要するに『渾身の照見五蘊皆空』、ここでもう全てが終わ」るという論述に竹村の本音が出ており、道元が「十八界がそれが般若だ」と言ったことを承知で、そんな説明、すなわち「仏教」はどうでもよくて、体験としての「主客未分の一真実の世界」、「五蘊皆空」という「空」こそが大事だと思っているのだろう。そして禅宗はそのようなものだと思われてきた。それをひっくり返してあえて「仏教」の言葉を「般若」としているのが、この巻ではあるまいか。

頼住「一考察」

以上のような「空」より「有」を強調する道元の方向性は「五蘊」「十二入」「十八界」「四諦」「六波羅蜜」「阿耨多羅三藐三菩提」「三時」「六大」「四威儀」などの存在の構成要素、成立原理、修行と悟り等に対してすべて、個物を数える「枚」という数詞を付けて、それぞれ「五枚」「十二枚」「十八枚」「四枚」「六枚」「一枚」「三枚」「六枚」「四枚」の「般若波羅蜜」と呼ぶところにも表れている。（なお、此の部分でも、さらにこの後の節でも、全仏教に渡る基本概念が列挙されているが、これは道元が、念願であった日本初の修行道場、興聖寺を建立し、初めての夏安居での示衆において仏教の基本概念とその位置付けを弟子の僧たちに教え示していると考えられよう。）（三〇）

また次のように言われる。

『般若心経』の方は、われわれが不変の対象と執着しているものが実体ではないという消極面を強調し、道元の方は、実体ではなく、無我、無根拠、無分節なる「空」から様々なものが立ち現れてくるという積極面を強調している。（三一）（六根六境六識などの）それぞれも皆、真理を体現するものとして存在する。（同）

「有」を強調するために数詞「枚」を付けているというのは、その通りであろう。ただ、はたして道元はこんな仏教の基本概念を僧たちに示すためにこう書いたのだろうか。道元の法を聞くためあつまった僧侶でこれを知らない者はいないのではなかろうか。また前にも指摘したが「〜枚の般若」の解釈にまったく言われていない「無我、無根拠、無分節なる『空』から様々なものが立ち現れてくる」、「真理を体現するもの」という自分の説を読み込むことは妥当ではなかろう。

【私釈】

『心経』は「空即是色」につづいて「受想行識。亦復如是。舎利子。是諸法空相。不生不滅。不垢不浄不増不減。是故空中、無色無受想行識。無眼耳鼻舌身意。無色声香味触法、無眼界乃至無意識界、無無明……乃至無老死。亦無老死尽。無苦集滅道」と説かれている。ところが、この巻では「受想行識」から「是故空中」は、飛ばされ、この巻の終わりにその部分〈是諸法空相。不生不滅。不垢不浄不増不減〉が結論として引用されている。また「無無明」からあとは、最後の「苦集滅道」を残して「亦無老死尽、無」までが省かれている。

そして道元は、その最初の残された部分「無色無受想行識。無眼耳鼻舌身意。無色声香味触法、無眼界乃至無意識界」について、〈般若波羅蜜十二枚、これ十二入なり〉と説く。『心経』では「無」を付けられて言及されているものを道元は〈また十八枚の般若あり、眼・耳・鼻・舌・身・意・色・声・香・味・触・法、および眼・耳・鼻・舌・身・意識等なり〉と無を取っている。『心経』が「無」をつけて説くのは、説一切有部などでそれら十八界が、実体としてのダルマ（常住の法）と説かれたことに対する否定である。ところが道元はそれらの「無」を取り払って、原始経典で説かれるままに列挙して、それらが「般若」であるという。諸解釈でこの『心経』との差異を指摘したものは竹村『講義』と頼住「一考察」だけである。

道元は、ただ十八界を列挙して十八個の「般若」だといっている。これをどう解釈するか、という点については、前節で五蘊についてその解釈を保留していたので、そのことと合わせて考えたい。

保留した解釈の一つは、五蘊の働きや「眼耳鼻舌身意。色声香味触法」の十二入の働きなどを般若知である、とするものである。しかしながら、いわゆる小乗仏教の解釈では、六境を六塵、六つの世俗的塵とし、六根は「六根清浄」といわれるように修行して清浄にしなければならず、またそれらが迷いを形成する故に「滅するべきもの」とする。諸釈はその六塵などを「生命の地盤」（内山）、「何かを一生懸命行ずる」（西嶋）、「自我活動の道具立て」（酒井）と、そのまま肯定する。そんなことを道元が説くはずはあるまい。

もし、十八界の働きを般若と取るならば、テーラヴァーダの修行法がヒントとなる。テーラヴァーダのヴィパッサナー瞑想は、意識を使って注意深く身心の働きを観察する。その時、眼・耳・鼻・舌・身・意に入ってくる情報（色・声・香・味・触・法）に対して、好き嫌い、好い悪いなどの感情や判断をしないように訓練する。そして眼識耳識鼻識舌識身識意識が、「ありのまま」を受用するに至らせる。この十八界を使う修行、ヴィパッサナーがそのまま智慧（パンニャー）の修行として位置づけられている。このようにテーラヴァーダにおいても智慧（般若）は行ずるものであり、その際、十二入、十八界は、それをどのように用いるかに依って、迷いとも智慧ともなる。

考えれば、眼などの感覚器官、また、その対象が迷いの元であるわけではない。たとえば「女」が男僧にとって迷わせるものだからといって、「女」など対象であるものの色声香味触などが迷いの原因でもなく、眼（耳鼻舌身意）が悪い働きをしているわけでもない。またそれを認識する脳の働き、眼識耳識鼻識舌識身識意識が悪いのでもない。それを好き嫌い、善し悪しと分別すること、個人の勝手な嗜好、感情、執着がいけないのであり、それが迷の原因になる。

そのことはパーリ経典・相応部に次のように説かれる。

世間における種々の美麗なるものが欲望の対象なのではない。［むしろ］欲望は人間の思いと欲情である。世間における種々の美麗なるものは、そのままいつも存続している。しかし、気をつけて思慮する人々は、それらに対する欲望を制してみちびくのである。（ＳＮ１・４・４、『神々との対話』中村元、五六頁）

あるいは三期経典では五蘊を次のように説く。

その時、又世尊は、五取蘊に関して、比丘たちに法を説き、教え、励まし、喜ばせた。……色と受と想と識と行と、これは我ではない、我所ではない［として］そこにこのように貪著を離れる。このように貪著を離れて心は平安になり、総ての結縛を超える。（SN4・2・6＝雑阿含一一〇二）

五蘊や十八界は棄てることも、否定することもできない。それに対する貪著を離れることが出来るだけである。

原始仏教では十八界についても色々の説かれ方をするが、次のようにも説く。

その時、世尊は諸比丘に告げて、一切は無常である、どのように一切が無常であるのか。眼もしくは、色・眼識・眼触は無常であるという。もし眼触の因縁によるならば受を生ずる。苦覚・楽覚・不苦不楽の覚、それもまた無常である。耳鼻舌身意もまた、このようである。多聞の聖弟子がこのように観るのは、眼、もしく、色・眼識・眼触において厭を生じて、眼触の因縁によって受を生じ、苦覚・楽覚・不苦不楽覚、そこにおいて厭を生ずる。耳鼻舌身意、声香味触法（もこのようである）、意識意触において、意触の因縁によって受を生じ、苦覚・楽覚・不苦不楽覚を受ける。それもまた厭を生ずる。厭のために楽ではない。楽ではないために解脱し、解脱知見する。わたしの生は已に尽きた。（雑阿含一九五＝SN35・1）

あるいは禅宗に範をとれば、弟子丸『解釈』中の沢木遺稿に記されるように六祖の弟子、司空山本浄禅師の次のような偈がある。

見聞覚知無障礙　声香味触常三昧　見聞覚知、障礙なし　声香味触は常三昧
如鳥空中只麼飛　無取無捨無憎愛　鳥の如く空中に只麼に飛び　取る無く捨つる無く憎愛なし。
若会応処本無心　始得名為観自在　若し処に応じて本と無心なりと会せば、始めて名づけて観自在と為すを得。（『景徳伝灯録』T51,p.243a)

まさに「観自在」ということが、とらわれなく十八界を使うこととされている。

このような解釈も『景徳伝灯録』などを読んでいた道元の解釈としてあり得るだろう。それに振り回されさえしなければ「十八界」は、それがなければ人が生きていけない必須の高次の知恵でもある。それゆえ道元はこの司空山本浄の使ったような意味で十八界を般若とした、とも考えられる。

もう一つの解釈が可能である。先に五蘊で触れたように大乗経典、とりわけ般若経典が否定した原始仏教の諸範疇、十二処、十八界と分別したこれらの範疇が、言葉によって明晰に自覚にもたらされたのであり（のちに言及される施設可得）、それがまさに「般若」であるという解釈である。

《仏教》には〈仏道の祖宗を相見し、仏道の教法を見聞すべきなり〉として、十二部経の説明に〈如来則為直説陰界入等仮実之法、是名修多羅（如来は則ちもし陰界入等の仮実の法を直説すれば、是を修多羅と名づく）〉という。五陰、十八界、六入は如来の直説であるというのである。そうであれば、それが「般若」といわれるのも頷けよう。

「苦・集・滅・道」は四つの真理（聖諦）として、まさにそのようなゴータマ・ブッダの智慧の精髄である。道元は《仏教》で声聞乗について〈四諦によりて得道す、四諦といふは苦諦、集諦、滅諦、道諦なり。これをきき、これを修行するに、生老病死を度脱し、般涅槃を究竟す。この四諦を修行するに、苦集は俗なり、滅道は第一義なりといふは、論師の見解なり、もし仏法によりて修行するがごときは、四諦ともに唯仏与仏なり、四諦ともに法住法位なり、四諦ともに実相なり、四諦ともに仏性なり〉という。四諦を教えとしてそのまま肯定しているのである。

もっとも、空観派が否定した、有部の「ダルマ」（実体として存在するもの）である十八界以外の心理現象（七十五法の余の法）については、道元は般若であるといわず、何も触れていない。あくまで十八界を含めた原始仏教の基本教理について般若として肯定しているのである。そのことは次の章で異例とも見える『般若経』における原始経典の基本教理を肯定する一経を引用していることからも明らかである。

しかし、これを聞いていた人々は、まるで法相宗の説くようなことを「般若」としてあげる道元の言葉を不可思議な思いで聞いていたのではなかろうか。『心経』で説かれるような空について、あるいはその空を具現した道元自身の「禅」の表現を期待していたのではなかろうか。その意味では、大衆のおもわくを、あえて覆したともいえよう。

では、触れられていない「無無明……亦無老死尽」やそれを敷衍した十二縁起はどうだろうか。これももっとも基本的なゴータマ・ブッダの法であり、菩提樹下で覚ったのはこの縁起法であると律蔵大品は伝える。《仏教》では〈二者縁覚乗。十二因縁によりて般涅槃す〉と認める。もっとも、小乗では十二支の一つ一つを「これがあるからあれがある、あれを滅すれば、これも滅する」とそれぞれの状態の縁起を説き、次第して最後に無明の滅に至る。

しかし、道元が如浄のもとでさとった「身心脱落」は「直指単伝して五蓋、六蓋（五蓋に無明蓋を加える）を離れ、五欲等を呵したまえり。祇管に打坐して功夫を作し、身心脱落し来るは、乃ち五蓋、五欲等を離るるの術なり。この外に、すべて別事なし、渾く一箇の事なし」（『宝慶記』二九）というものであった。五蓋、五欲、無明を離れることは、打坐において直下に成就する。無明の滅に至る十二縁起の観察はもはや不要なのである。その「不要」については二章で見たい。

以上の十二処等を般若としたことに対する二つの解釈のうち、後者の方に重点がかかることは次の節で明らかになろう。

三節　大乗などのそれぞれの範疇は般若

また六枚の般若あり。布施・浄戒・安忍・精進・静慮・般若なり。また一枚の般若波羅蜜、而今現成せり、阿耨多羅三藐三菩提なり。また般若波羅蜜三枚あり、過去・現在・未来なり。また般若六枚あり、地・水・火・風・空・識なり。また四枚の般若、よのつねにおこなはる、行・住・坐・臥なり。

［注釈］

○**布施・浄戒・安忍・精進・静慮・般若**　いわゆる六波羅蜜。小乗の戒・定・慧に対して大乗は浄戒（戒）、静慮（定）、般若（慧）に加えて修行に関わる精進、安忍（＝忍辱）、在家の徳目である布施を加えた。

○**阿耨多羅三藐三菩提**　サンスクリット語（anuttara samyak saṃbodhi）の音写。阿耨多羅（anuttara）は無上、三藐（samyak）は正等、三菩提（saṃbodhi）は正覚、正しい覚りで、無上正等覚のこと。

○**地・水・火・風・空・識**　六大ともいわれる。四大（地・水・火・風）に空が加わって五大。この空は虚空（ākāśa アーカーシャ）であり、色即是空の空（śūnya シューニャ）とは異なる。さらに識が加わって六大となった。

○**行・住・坐・臥**　仏教教理ではない。人間の四つのありよう、生活様態。四威儀ともいう。

【現代語訳】

また六つの般若がある。布施・浄戒・安忍・精進・静慮・般若である。また一つの般若波羅蜜があり、この今、現成している。阿耨多羅三藐三菩提である。また般若波羅蜜が三つある。過去・現在・未来である。また般若が六つある。地・水・火・風・空・識である。また四つの般若は、日常に行われる、行く・住《とど》まる・坐す・臥すである。

【諸釈の検討】

古釈は、前節で若干触れるもの（『御聴書抄』『聞解』）があるが、ちゃんと解釈しているものはない。弟子丸『解釈』は六波羅蜜の説明に四十頁以上（一一九〜一六三）を費やし、最後に『大般若経』の最後の第十一会から第十六会が六波羅蜜に当てられていることを示す。〈阿耨多羅三藐三菩提〉については、こういう。

従ってこれらの聖智は、ことごとく論理や思想をはるかに超越した只管打坐による非思量の修証、すなわち無所得空の体験を通してあらわれるものであらねばならない。すなわちそれが阿耨多羅三藐三菩提であり、道元禅師が、あえてここに『一枚の般若』と示されたゆえんであるとも思われる。（一六六―七）

〈過去・現在・未来〉については、こういう。

ここで道元禅師は、般若は空間的存在ばかりでなく、時間的にも無限であり、空そのものだと示されるのである。（一六七）

六大については「この道元禅師の物心観は真言密教における六大縁起観（六大周偏観・六大体大説）に通じるところがある。」（一七二）と真言の六大の説明をしている。密教では六大をすべての存在の本体と考える。

四儀については「威儀即仏法」であるとして、「日常の行持道環の規則正しい生活と、行住坐臥の基本姿勢……いいかえれば、一挙手、一投足に真の悟り（証）は現成するのである。」（一七四）とする。

「六波羅蜜」が『般若経』に詳しく多量に説かれているからといって、その説明を詳しくしても、なぜ道元がここにそれを挙げて般若としたのかが示されていない。また「阿耨多羅三藐三菩提、過去・現在・未来」について、「空」によって説明をしているが、「空」は本文のどこにも言われていない。また道元のあげた六大が般若であることと、密教の六大縁起観となぜ関係するのか分からない。四儀については、「威儀即仏法」と般若はどう関係するのだろうか。「万法に証せられ、般若の無限の智慧がおのずと湧き出てくるのである。」（一七五）では、本文の解釈になるまい。

内山『味わう』

　これは過去現在未来も、地水火風空識も行住坐臥も、ただしている、ということです。（五〇）

これだけではそれらが般若といわれる説明にはなっていない。

門脇『身』は〈阿耨多羅三藐三菩提〉に対してこういう。

他のすべての般若の「活《はたら》き」の源泉であり、回帰点を指示している。（九〇）

此の文に続く文章で述べられる三枚・六枚・四枚の般若がこのような「無上正覚」を源泉とし、そこから現成してくる。（同）

「過去」も「現在」も「未来」も「而今」、つまり「永遠の今」である。（同）

宇宙万物（六大＝筆者）は「仏の御いのち」（仏法）の現成である。（九一）

……菩薩は「無上正覚」に満たされ、そこに留まることなく、実生活に出て（「出路」）、そこで出会う一つ一つの事物を

自己と一体化し（「一如を行ずる」）行住坐臥の一つ一つを綿密に行じていくのである。（同）

「阿耨多羅三藐三菩提」は、般若の働きの源泉、回帰点だろうか。そのようなものは、例えば道教の「一」であろう。続く門脇の解釈は、阿耨多羅三藐三菩提でいわれた「而今」と〈過去現在未来〉を混ぜて解釈している。それも誤りであるが「永遠の今」ということを道元は説かない。たとえば〈草木叢林の無常なるすなはち仏性なり、……阿耨多羅三藐三菩提これ仏性なるがゆゑに無常なり、大般涅槃これ無常なるがゆゑに仏性なり〉《仏性》と、草木叢林、人物身心、阿耨多羅三藐三菩提を同列に置き、すべて「無常」であって「永遠の今」ではない。また「仏の御いのち」とは、道元ではたとえば〈この生死は、すなはち仏の御いのちなり〉と、無常の典型である「生死」をいうこともあり、「宇宙万物（六大）」をそう名指すことはない。また道元は「一つ一つの事物を自己と一体化し」、「一つ一つを綿密に行じ」る特殊な「行住坐臥」を言っているのだろうか。わざわざ〈よのつねにおこなわる行住坐臥〉、すなわちふつうになされる行住坐臥といっているのである。

酒井『真実』

この布施も、浄戒・忍辱・精進・静慮・智慧と申しましても、これは六つの必須条件です、修行の必須条件。一つも欠かすことができません。そしてどれもこれもが般若波羅蜜なんですよ。（八六）

つまり、「一枚の般若」と申しますと、尽十方界全部を一枚とした。（八七）

過去・現在・未来、いつでもこれは般若です。而今とありましたから、この説明ですね。「而今現成せり。阿耨多羅三藐三菩提」ということを受けまして、昨日もそうだった、今日もそうだった、明日もそうであると、こういう意味ですね。いつでも阿耨多羅三藐三菩提なんですよ。（八八）

門脇『身』批判と同じく、〈而今現成せり、阿耨多羅三藐三菩提なり〉の「而今」は、本文の文脈では「過去・現在・未来」とは関係がない。いつでも菩提だ、というのは天台本覚法門的解釈である。そのような間違いがないように「阿耨多羅三藐三菩提」に関して道元は慎重に〈而今現成せり〉といわれているのである。いずれも、それが「般若」であるといわれる理由が言及されていない。

竹村『講義』

なぜここに布施等の六波羅蜜をいれられたのか。「無智亦無得」の智との連想で般若を想起され、それで六波羅蜜ということなのかどうなのか、何ともわかりませんが、とにかく「渾身の照見五蘊皆空」、これは五蘊でなくても何でもよいわけで、何を持ってきてもよいわけですから、六波羅蜜を挿入されたのでしょう。（二一二）

「……過去現在未来なり」といわれています。実は何でもよいのですね。何でも一つになった世界、そこに般若があるということですから。ただ、本当からいうと大乗仏教では、現在だけです。（二二〇）

ここでも、五蘊でも、十八界でも六波羅蜜でも三際でもなんでもよく、さらに三際に対しては「本当は現在だけ」と茶々を入れる。そうだろうか。なんでもいいから道元は適当に羅列したのだろうか。

頼住「一考察」

「四諦」「六波羅蜜」が挙げられる。……そのそれぞれが真理の表現である。（三二）

仏道の教えや悟り、認識の基礎範疇や存在者総体に至るまで、あらゆるものを包括的に列挙して、それが真理を体現するものであると述べたその最後に「よのつねにおこなわる行住坐臥」、すなわち、道元にとって日常的である、坐禅を中心とする僧堂における生活の一つ一つの行為こそが、真理を体現するものである。（三二）

「般若」は「真理の表現」、「真理を体現するもの」だろうか。たとえば過去・現在・未来が真理を体現するとはいったいいかなることだろうか。また門脇への批判と同じく「行住坐臥」の坐は坐禅をさしているのではなく、「世の常」すなわちふつうの人間の行動、状態だとわざわざ言っているのに、強引な解釈である。

【私釈】

ここでは、『心経』では言及されていない諸範疇、すなわち「布施・浄戒・安忍・精進・静慮・般若」（六度）、「阿耨多羅三藐三菩提」、「過去・現在・未来」（三際）、「地・水・火・風・空・識」（六大）、「行・住・坐・臥」（四威儀）が「般若」であるといわれる。道元はなぜそれらが「般若」であるというのだろうか。

『心経』は、有部など上座部によって五蘊、六入六境六識など阿含経（パーリでは四ニカーヤ）で説かれる原始仏教の諸範疇を実在（有）としたのを批判するため、それに「無」をつけて挙げた。それらを道元はそのまま「般若」として、大肯定した。続いて道元は『心経』が小乗の諸範疇しか挙げないのに対して、大乗の諸範疇すなわち大乗の旗印である「六波羅蜜」も深い智慧「般若」であるとした。道元が「六波羅蜜」を非常に重要視していたことは例えば次のような叙述にも窺える。

〈六波羅蜜といふは、檀波羅蜜、尸羅波羅蜜、羼提波羅蜜、毘梨耶波羅蜜、禅那波羅蜜、般若波羅蜜なり。これはともに無上菩提なり。無生無作の論にあらず。かならずしも檀をはじめとし般若をはりとせず。〉《仏教》

「阿耨多羅三藐三菩提」は、小乗でも説かれるが、中阿含にはなく、長阿含、増一阿含に各一回、雑阿含三十三回で、主に大乗仏教で使われる。それが〈また一枚の般若波羅蜜、而今現成せり、阿耨多羅三藐三菩提なり〉

ということによって、般若経や、教学の言葉を超えて、いまここに現成する無上菩提であると、実存の事柄としての「般若」を示したのであろう。

その後に、経典用語とはいえない三際、六大、四威儀までもが「般若」といわれる。

三際、六大、四威儀に対しては、前節の最初の解釈、（五蘊や十八界の）働きが般若であるという解釈は、ここでは「働き」の範疇ではないから成り立たない。三際はふつうの時間意識の構成要素であり、六大は存在するものの構成要素、四威儀は人の在りようの四態であって、「働き」とはいえないからである。

そうであれば、これは後者の解釈、諸範疇は、言葉によって明晰に自覚にもたらされたものであるという理由で「般若」であるという可能性が高い。しかし、なぜ「阿耨多羅三藐三菩提」や三際、六大、四威儀という範疇が選ばれたのだろうか。

いま、阿耨多羅三藐三菩提と六大について、次のようなことに着目したい。

道元はこの後、『大般若経』六百巻のうちの巻第二百九十一の著不著相品を三回に亘って引用している。その著不著相品には次のように「無上正等菩提」と「六大」と「般若波羅蜜多」が出て来る。

菩薩摩訶薩行般若波羅蜜多時。若不行諸仏無上正等菩提著不著相是行般若波羅蜜多（菩薩摩訶薩、般若波羅蜜多を行ずる時、若し諸仏、無上正等菩提を著不著相において行ぜざれば、是れ般若波羅蜜多を行ず。T6,p.478a）

菩薩摩訶薩行般若波羅蜜多時。於地界不起著不著想。於水火風空識界不起著不著想。是行般若波羅蜜多。（菩薩摩訶薩、般若波羅蜜多を行ずる時、地界において著不著の想を起さず、水火風空識界において著不著想を起さざれば、是れ般若波羅蜜多を行ず。T6,p.478b）

道元は次に引用される『大般若経』によって「阿耨多羅三藐三（無上正等）菩提」と「六大」を加えたのでは

なかろうか。ただこの場合は、最初の解釈も経の内容から妥当する。すなわちここでは地・水・火・風・空・識も、六入や六境がそうであったように著・不著つまり執着したり、その反対に嫌悪を感じたりしなければ、それは般若を行ずることになる、と言われている。

ちなみに前節の五蘊、六入六境六識もこの品でこのように言及されている。

菩薩摩訶薩如是行般若波羅蜜多時。於色不起著不著想。於受想行識不起著不著想。是行般若波羅蜜多。善現。菩薩摩訶薩如是行般若波羅蜜多時。於眼處不起著不著想。於耳鼻舌身意處不起著不著想。是行般若波羅蜜多。善現。菩薩摩訶薩如是行般若波羅蜜多時。於色處不起著不著想。於聲香味触法處不起著不著想。是行般若波羅蜜多。善現。菩薩摩訶薩如是行般若波羅蜜多時。於眼界不起著不著想。於色界眼識界及眼触眼触為縁所生諸受不起著不著想。是行般若波羅蜜多。（菩薩摩訶薩、是の如く般若波羅蜜多を行ずる時、色において著不著想を起さず、受想行識（五蘊＝筆者）において著不著想を起さざれば、是れ般若波羅蜜多を行ず。善現よ。菩薩摩訶薩、是の如く般若波羅蜜多を行ずる時、眼處において著不著想を起さず、耳鼻舌身意處（六入＝筆者）において著不著想を起さざれば、是れ般若波羅蜜多を行ず。善現よ。菩薩摩訶薩、是の如く般若波羅蜜多を行ずる時、色處において著不著想を起さず、聲香味触法處（六境＝筆者）において著不著想を起さざれば、是れ般若波羅蜜多を行ず。善現よ。菩薩摩訶薩、是の如く般若波羅蜜多を行ずる時、眼界において著不著想を起さず、色界・眼識界及び眼触、眼触の所生の縁と為す諸受において著不著想を起さざれば、是れ般若波羅蜜多を行ず。

T6,p.478a)

それに対して〈過去・現在・未来〉と〈よのつねにおこなはる行住坐臥〉は、般若波羅蜜を行ずる修行とは切り結ばない。修行ではなく、人がふつうに生活していくのに不可欠なものである。そういう意味では六大も物質的要素として人の成り立ちと生活に不可欠である。

「般若」、すなわち奥深い智慧とは、ここでは「働き」ではなく、それがなければ生活が成り立たないもっとも深い「了解、把握」であろう。三際については、唯識説が説くように、六境を認識する六根六識だけではなく、自己意識である末那識が必要であり、また世界を自らの内部に立てるためには、空間的把握と時間的把握、すなわち阿頼耶識が必要である。阿頼耶識が把握するものの一つが三際である。末那識はカントが先験的統覚としたものに近く、阿頼耶識はその先験的直感の形式に近い。それらは意識よりもずっと深いところで生得的に獲得されている、世界を構築する範疇である。もし、それらが欠けたり、失調すれば統合失調症になり、主体の分裂や時間感覚の喪失をきたす。そういう生存に必要な深い智慧として、三際はあるのではなかろうか。

多くの解釈がいうように「般若」が空思想をあらわしているなら、たとえば『金剛経』の三世心不可得（過去心不可得・現在心不可得・未来心不可得）をいうべきであろう。ところが道元は三際の不可得も、空も説いてはいない。

三際が般若であるということについてのこのような解釈は、読み込み過ぎであり、西洋哲学との対比など論外だと思われるかもしれない。たしかに日本や中国の思想と西洋思想はかなり質が違い、安易な対照は避けるべきである。西洋と対比できるような東洋の思想は、同じ印欧語であるインドの思惟くらいであろう。

しかし、道元の思惟は日本の中世思想としてはまれに見る哲学的思惟なのである。それは大和言葉では不可能に近く、仏教教学としてインドの思惟を漢字で表した倶舎論や唯識、中観の思想を道元が学んで獲得されたものであろう。空思想は実在とは何かを問うもので、西洋哲学と切り結ぶ。この《摩訶般若波羅蜜》では「三際」、「六大」などと言及された時間や存在に関わる思惟が、やがてまったく独自な道元の「有・時」を生んだのだと思われる。

そもそも範疇、それも同じようなものが含まれる範囲という一般的な意味ではなく、哲学的な意味で「範疇」

という意識を道元は持っていたと思われる。アリストテレスは実体・量・質・関係・場所・時間・位置・状態（体位）・能動・受動の十を、あらゆるものがその下に含まれる類概念として「範疇」を考えていた。道元も時間（現在過去未来）、状態（人の状態として行・住・坐・臥）を挙げている。場所や位置、量に関しては、道元も次のようにいう。

〈四大・五大・六大等の行処によりて、しばらく方隅法界を建立するのみなり。〉《山水経》
〈いま四大・五大・六大・諸大・無量大、おなじく出なり没なる神通なり。〉《神通》

これらは空間と位置、物質、量などの問題を含んでいよう。

以上によって、この節で道元は大乗仏教のカテゴリー（範疇）のみならず、人が世界を意識において立てるために必要な範疇として時間（過去・現在・未来）の三際、人が世界に生きる範疇として行・住・坐・臥、存在を構成する要素のカテゴリー、地・水・火・風・空・識を挙げ、それらの範疇が、人間がもっている深い深層の智慧であるから、般若であるというのではなかろうか。それは分別（判断知）や意識による知でもなく、蓄積できる学知でもなく、生来具えられた（アプリオリな）、人が世界を立てて生きるための深い智慧といえよう。

また、竹村が指摘したように、人間は言葉によって、存在するもの、私という「在るもの」を立てる迷妄に陥るが、しかしまた、言葉やそれを用いた諸範疇それ自体が般若であるともいえよう。それは次の章でみるように、言葉によってこのように立てられたということ、すなわち（施設可得）がまさに「般若」であるという側面を持つと、道元はいいたいのではなかろうか。

二章　大般若経・著不著相品の道元による解釈

一節　敬礼と施設可得

釈迦牟尼如来会中有一苾蒭。竊作是念、我応敬礼甚深般若波羅蜜多。此中雖無諸法生滅、而有戒蘊・定蘊・慧蘊・解脱蘊・解脱知見蘊施設可得。亦有預流果・一来果・不還果・阿羅漢果施設可得、亦有独覚菩提施設可得、亦有無上正等菩提施設可得、亦有仏法僧宝施設可得、亦有転妙法輪・度有情類施設可得。仏知其念、告苾蒭言、如是如是、甚深般若波羅蜜、微妙難測。（釈迦牟尼如来の会中に一苾蒭《びっしゅ》有り。竊《ひそ》かに是の念を作《な》さく、「我は応《ま》さに甚深なる般若波羅蜜多を敬礼すべし。此の中に諸法の生滅無しと雖も、而も戒蘊・定蘊・慧蘊・解脱蘊・解脱知見蘊の施設可得《せせつかとく》有り。亦た預流果・一来果・不還果・阿羅漢果の施設可得有り。亦た独覚菩提の施設可得有り、亦た無上正等菩提の施設可得有り、亦た仏法僧宝の施設可得有り、亦た転妙法輪・度有情類の施設可得有り。」仏、其の念を知《しろしめ》して、苾蒭に告げて言《のたまわ》く、「是《かく》の如し、是の如し。甚深なる般若波羅蜜は、微妙《みみょう》なり、難測《なんしき》なり。」）

而今の一苾蒭の竊作是念は、諸法を敬礼するところに、雖無《すいむ》生滅の般若、これ敬礼なり。この正当敬礼時、ちなみに施設可得の般若現成せり。いはゆる戒・定・慧、乃至度有情類等なり。これを無といふ。無の施設、かくのごとく可得なり。これ甚深微妙難測の般若波羅蜜なり。

［注釈］

○**釈迦牟尼如来会中**……　出典『大般若経』第二百九十一巻（著不著相品）

爾時（釈迦牟尼）如来会中有一苾芻竊作是念。我応敬礼甚深般若波羅蜜多。此中雖無諸法生滅。而有戒蘊定蘊慧蘊解脱蘊解脱*智*見蘊施設可得。亦有預流果一来果不還果阿羅漢果施設可得。亦有独覚菩提施設可得。亦有無上正等菩提施設可得。亦有仏法僧宝施設可得。亦有転妙法輪、度有情類施設可得。仏知其念告言。苾芻（言）。如是如是。甚深般若波羅蜜多微妙難測。(T6,p.480b)

※傍線は省かれた語、（ ）は付加された語。イタリックは字形が異なる。解釈に響くような大きな相違はない。

○**苾蒭**　サンスクリット語 bhikṣu（ビクシュ）の音写。パーリ語 bhikkhu（びく、比丘）に同じ。具足戒を受けた成人男子。

○**敬礼**　恭敬礼拝の意。『正法眼蔵』において「敬礼」は経典引用で二回、その他で二回《三十七品菩提分法》、《帰依三宝》で使われる。

○**戒蘊・定蘊・慧蘊・解脱蘊・解脱知見蘊**　原始経典以来の修行とその果の範疇である五分法身。

○**施設**　サンスクリットの prajñapti, プラジュニャプティの漢訳。仮に設けるが原意で、仮の指定・設定として①仮に表現する、想定すること、とりわけ概念として言葉で表すこと。

例「……我舌嘗味。我身覚触。我意識法。彼施設又如是言説。」（……我が舌、味を嘗め、我が身、触を覚し、我が意、法を識る。彼の施設、又た是の如く言説す。雑阿含三〇六、五期　T2,p.88a）

『大般若経』では非常に多く使われ、「施設可得」は著不著相品以外にも多く説かれる。「施設可得」のような言説の肯定は、すでに原始経典の三期にある。

慢心を捨て去った人には、もはや結ぶ束縛は存在しない。かれには慢心の束縛がすべて払いのぞこおられてしまった。聡明な叡智ある人は死の領域を超えてしまったので、『私が語る』と言ってもよいであろう。また『人々が［これこれは］〈わがもの〉であると語っている』と言ってもよいであろう。真に力量ある人は、世間における名称を知って、言語表現だけのものとして、そのような表現をしてもよいのである。（パーリ相応部一・三・五、『神々との対話』岩波文庫、中村元訳四〇頁。並行雑阿含五八一、二「……善く世の名字は平等假名の説なりと解る」T2,p.154c）

「施設言説」という用法は、『大般若経』では例えば「施設言説。謂之為我。如是有情・命者・生者・養者・士夫・補特伽羅・意生・儒童。……亦但是假名。」（言説を施設し、之を謂って我となす。是の如き有情・命者・生者・養者・士夫・補特伽羅・意生・儒童、……亦但だ是れ假名。T5,p.56c）

「不可施設」は「何以故。以不生法離諸戯論。不可施設為色處等故。（何を以ての故に。不生の法は諸戯論を離れ、施設して色處等と為すべからざる故に。）T5,p.471c」などと説かれる。

②方便で用いるもの。

例「説四大造色。施設顕露。此四大色非我。（四大は色を造り、施設顕露す。此の四大の色は我に非ずと説く。）（雑阿含二四八、五期、T2,p.59b 並行南伝大蔵経ＳＮ３５・１９３「種々の方便を用いてこの身を説き明かし、この身は無我也と、説き給う」)。

③仮に設ける、設定するの意。

例「修習於慈心其功徳無量、況復加至誠廣施設大会」(慈心において修習すればその功徳無量なり、況んや復た至誠を加え広く大会を施設する。雑阿含一一五九、二期、T2,p.309b)

また大乗の論書、『成唯識論演祕』にも説かれる。

「修妙行。色無常。受想行識無常。善施設苦諦。善施設集滅道諦」。(妙行を修し、色は無常、受想行識は無常、善く苦諦を施設し、善く集滅道諦を施設す。)(T26,p.919a)、「此無相、不可安立。不可施設。在此在彼。」(此れ無相なり、安立すべからず、此に在り彼に在りと施設すべからず)(T26,p.926c)

ここでは「言語で表現する」という意。

『瑜伽師地論』では「復次法有二種。一者有爲。二者無爲。此中有爲是無常性。三有爲相施設可得。」(復た次に法に二種あり。一は有爲。二は無爲。此の中に有爲は是れ無常性。三に有爲の相、施設可得あり。T30,p.795c)

中村元「仏教語大辞典」では、「仮にもうける手立て。安立の異名。建立・発起の意。経論・坐禅・公案などすべての手段のこと」とある。

＊道元用例

〈うらむることなかれ。引導の発願すべし、「汝是畜生、発菩提心」と施設すべし。〉《谿聲山色》

〈いはんや釋迦老漢なにとしてか仏家の家業にあるべからざらん教法を施設することあらん、釋迦老漢すでに単伝の教法をあらしめん、いづれの仏祖かなからしめん。〉《仏教》

〈経巻を国土とし、経巻を身心とす、経巻を為佗の施設とせり、経巻を坐臥経行とせり。〉《仏経》

〈問曰、一五衆魔攝三種魔。何以故別説四。答曰、実是一魔、分別其義故有四。上来これ龍樹祖師の施設なり、行者しりて勤学すべし。〉《発菩提心》

〈ひとり先師天童古仏のみ、仏法と孔老とひとつにあらずと暁了せり、昼夜に施設せり。〉《四禅比丘》


以上は「施設」を「言語表現」と訳すことができる。


〈無言説にして拈華瞬目する、これ密語施設の時節なり。〉《密語》

〈しるべし、世尊に聖黙聖説の二種の施設まします。これによりて得入するもの、みな如世間良馬見鞭影而行なり。聖黙聖説にあらざる施設によりて得入するも、またかくのごとし。〉《四馬》

〈いかでか仏われを欺誑して、涅槃なきに涅槃ありと施設せさせたまふとおもふべき。〉《四禅比丘》


これらは方便を用いて表現するという意であろう。

〇**預流果・一来果・不還果・阿羅漢果**　小乗の修行の四成果。預流果とは、聖者の流れの中に入った位、一来果とは、もう一度人間界に生まれて修行する位、不還果とは、もうこの世に還ってこないで聖者になる位、阿羅漢果とは、聖者の究極の位で修行することがないので、無学ともいう。部派仏教では輪廻の主体は何かというアポリアがあり、それをプトガラ（補特伽羅、犢子部）とかジーヴァ（命、ジャイナ教やヒンドゥー教も）とするが、大乗仏教ではすべての人の成仏を期すので採らない。道元は《阿羅漢》巻の冒頭に〈学仏者の極果なり、第四果となづく、仏阿羅漢なり〉と仏に等しいと見る。

○**独覚菩提**　独覚とは師によらないで（十二因縁などの）教学によって独りで覚りを得た者であり、その覚りをいう。縁覚ともいう。

○**仏・法・僧宝**　仏法僧という三つの宝。三宝。『正法眼藏』十二巻本に《帰依三宝》がある。

○**転妙法輪・度有情類**　仏の働きとして説法して、衆生を救うことをいう。

○**難測**　推し量り難いこと。

○**ちなみに**　現代語では「ついでに言えば、関連して」などの意味であるが、古文「因みに」なので「それによって」とする。

【現代語訳】

釈迦牟尼如来の一門の中に、一人の比丘がいた。ひそかにこのように思った。私は非常に深い覚りの智慧を敬礼しよう。この（般若波羅蜜多）中に諸法の生滅はないのではあるが、それでも「戒蘊・定蘊・慧蘊・解脱蘊・解脱知見蘊」と言語表現できるものがある。また「預流果・一来果・不還果・阿羅漢果」と言語表現できるものがある。また「独覚の菩提」と言語表現できるものがある。また「無上正等菩提」と言語表現できるものがある。また「仏・法・僧宝」と言語表現できるものがある。また「転妙法輪・度有情類」と言語表現できるものがある。仏はその思いを知って、比丘に告げて言われた、「その通りである。その通りである。深い覚りの智慧は、微妙であり、推し測ることが難しいのである。」

いまこの一比丘の「ひそかになされたこのような思い（竊作是念）」とは、諸法を敬礼するところに、（そこは）「生滅はないのではあるけれども」と深い知恵が、これが敬礼なのである、まさにこのように敬礼する時、それによって言語表現可能な深い知恵が現成している。（さきに）いわれた「戒・定・慧」から「度有情類」などまでである。これを無という。無の言語表現は、このように可能なのである。これが非常に深く微妙で思い測りがたい覚りの深い知恵である。

【諸釈の検討】

まず「施設可得」の意味についてみてみたい。

『聞書』

施設可得と云［う］は是もほどこしまうけてうべくは生滅の法に似たり。然［れども］而今は施設可得とつかふ、戒定慧にて可心得。（一六三）

「施設可得」を「ほどこしまうけてうべく」と和語によみくだしても、解釈にはならない。

『御聴書抄』

又施設可得とは、一一の法を一一と挙る詞なり。仮令《たとえば》預流果施設可得あり、一来果施設可得あり……。

これは列挙するという意味になるが、そうではあるまい。

『聞解』

又正当般若敬礼の心を因にして施設可得の般若現成なり。（一六二）

これは「施設可得」を解釈していない。

弟子丸『解釈』

「『施設可得』そのものについては従来の古註も最近の注釈等もあまり明確ではない」（一八九）として西有『啓迪』、西嶋『提唱』、岡田『大系』などを挙げ、『思想』・頭注は「建立・発起等の義」、中村宗一は「修行の現成」の意、と紹介する。そして自らは次のようにいう。

もともと『婆沙論』より出たものである。その論書に「施設論」あり、詳しくは大迦多衍那著の『阿毘達摩施設論』がある。これには、施設は実有に対する仮法であると説く。（同）

施設は妙有（真空）の仮法ともいうが……（一八六）

だが、自らの注釈はたとえば次のようにはっきりしない。

従って宇宙間の諸存在は生滅がないといっても、次の六つの「施設可得」は修証の必然性によって、必ずあると思われる。（一八二―三）

以上の六件（五分法身等＝筆者）は修証の因によって、可得となりえるのである。……因縁による可得は必然的にある。

……弥陀の誓願の施設可得（救いの道具立て）が用意してあるから、……（同）

三宝等の施設可得（施設され得べきもの）に対しては敬礼すべきである。（一八四）

すでに［注釈］でのべたように、この語は原始仏教経典三期に遡ることのできる古い用語であり、『阿含経』に多く使われている。上座部のアビダルマ六論書の一つである「施設論」は、その三部の一つ「因施設論」だけが漢訳（法護等）されて『施設論』として大正蔵に入っている（No1538）。だが、それは経名以外に「施設」という言葉はなく、今は関係ない。また「迦多衍尼子」造の『阿毘達摩発智論』（二十巻、玄奘訳）があり、次のように言われる。

諸帰依仏者。何所帰依。答若法実有現有想等想。施設言説。名為仏陀。帰依彼所有無学成菩提法。名帰依仏。（諸の帰依仏とは何所に帰依すや。答う。若し法、実有・現有・想等想ならば、言説を施設す。名づけて仏陀と為す。かのあらゆる学・無学、菩提の法を成ずるを帰依仏と名づく。）（T26,p.924c）

ここでは「言説を施設す」といわれ、言説という方便を用いて表現する、という意味になる。

弟子丸は「施設可得」をきちんと訳しておらず、やはり明確ではないのだろう。その注釈には、言葉による表現という説明はなく、仮法といっても「因によって」とか、「因縁による」となっていて、「施設」が「因縁」ともとれるが、そうだろうか。また「必然性」とはどこからいえるのだろう。

［水野訳］は「施設して（修行して）得られるようにしたもの」（四五）と中村宗一と同意に解釈している。

内山『味わう』は「施設可得」について「出入りなし、増減なしといいながら、そういう施設可得がある。」（五三）とそのまま出し、「施設可得とは一応すべてを抽象的にまとめたものです。」（五五）とだけいう。

はたして「施設可得とは一応すべてを抽象的にまとめたもの」だろうか。

西嶋『提唱』は「施設」を「説示」、「可得」を「把握し得る」と訳す。〈施設可得〉については「このような『施設可得有り』」、やはり理解をすることの可能な個々の教えというものがある。」（六一）といい、ここでは「施設可得」は「理解することができる教え」と受け取られている。また「道元禅師は、そういうたくさんの『般若経』の中心思想は何かということを、この『摩訶般若波羅蜜』の巻で述べておられるわけです。」（六〇）と『大般若経』の引用を紹介する。

「施設可得」は、だいたいそのような意味であろう。だが「空」という言葉すらないここで引用された『大般若経』は、『般若経』の中心思想でありうるだろうか。

門脇『身』は、その現代語訳で「施設（教化などの行動をほどこし行う）し得ることが可能であり」（一六二）、とするが、この節の解釈（一六三―五）では「施設可得の般若」とそのままの言葉を五回、「施設可得」「無の施設」をそれぞれ一回使ってまったく訳さず、あたかもその言葉の意味がないかのように論をすすめる。施設を「行動をほどこし行う」とするのは、適切ではなかろう。

酒井『真実』は、施設について「般若波羅蜜への指導の装置がある。」（九六）とする。施設は、ここでは、指導の装置が備わっている、というが、適切ではあるまい。

森本『読解』では施設は「仮に設ける手立てを意味する。『安立』とも称されるもので、実在するのではないが、何物かを設定することである。真如は言葉を超えたものであるが、それを仮に文字言語によって説き表すことが『安立諦』と呼ばれる。」（七二）とある。

中村元『仏教語大辞典』のほぼ引用であるが、そういうことであろう。

竹村『講義』

施設というのは設けるということです。施すという字もありますが、設定するというようなこと、言葉でそういうものを立てるといったことです。特に言葉によってそういうものを仮に設ける、と言うような意味です。可得というのは、そんなことができるという意味です。ですから「施設可得」で、「言表することができる」の意味になります。（二三一）

その通りであろう。

頼住「一考察」

「施設」は「現成」である。本来「空」でありつつ、具体的な個物が個物として絶対性を帯びて立ち現れることを、道元は、例えば「空華」巻では次のように述べている。（三二）

「施設可得とは、そのものとして立てるということ」（三三）

この説明として「『般若波羅蜜』とは『空─縁起』という無分節、無我、無根源ではあるが、単なるスタティックな無分節ではなく、無分節を踏まえて分節してくるという側面も持っているということである。」（三三）という。「施設」は「現成」だろうか。道元はすでに《現成公案》を説いているので、「現成」は非常に重要なタームであり、それは簡単に経典の言葉「施設」と同義語といえるはずはない。『空─縁起』による説明では、道元の解釈にはならない。

次にこの経の道元による解釈全体についてはどうであろうか。

『聞書』

雖無諸法生滅與有戒定慧と云［う］は、是修証はなきにあらず、染汚することとえじと云［う］義にあたるべし。生滅とこそ云［え］ねども、戒ぞ定ぞ慧ぞと云へば、是こそ生滅の法と聞こゆれどもしかにはあらず。一戒光明金剛法戒と云［う］程にこそ戒をも心得れ、只戒と云へば制止と許心得［ばかり心得］、断悪修善とのみは不可心得［心得べからず］。又戒はふねいかだ也と云［う］時は、生滅法に似たれども、雖無生滅の道理は今の般若と断ずる所、戒定慧等なり、敬礼これなり。（一六二）

なぜ雖無……が、「修証はなきにあらず、染汚することとえじ」という意味になるのか、不明。ここは修証とは無関係であろう。五分法身のうち戒定慧だけについて生滅の法に似ているというが、生滅は元来、物や事柄が生じ滅すること、永遠でないことをいうのであり、戒定慧とは関係ない。全体的に的外れな解釈であろう。

『御聴書抄』

打任ては一苾蒭竊作是念とあれば一比丘此念を作すとあれば、比丘與［と］念、また敬礼と般若とは格別の法と聞ゆ。非爾《しかにはあらず》、苾蒭も是念も、敬礼も皆般若と談也。雖無諸法生滅は打任ての詞と聞たり。然而《しこうして》是は雖も無も諸法も生も滅も皆般若と談之［之を談ず］。抑《そもそも》雖の詞を般若と談ぜむ、其［の］姿、尤《もっとも》不審也。然而《しこうして》只般若を雖と談［ずる］也。（一六二）

その巻の一つの根本語（ここでは般若）を以て、すべてそれであるとする悪しき『御聴書抄』の解釈の典型である。

『聞解』

雖無生滅の般若……無生滅と知る処是れ般若なり。此れを無といふ、上の無生滅より六度及四果度有情類等皆無所得なれば無の施設可得也。（一六二）

雖無生滅の般若を、教学者らしく、意味が通るよう解釈しているが、そういうことではなかろう。また六度以下は、四果は所得をいうのであるし、無所得ということはないであろう。何が「可得」か、考えるべきである。

『私記』は『御聴書抄』を引用するだけである。

弟子丸『解釈』

以上の六件（戒濫から度有情類＝筆者）は、修証の因によって可得となりえるのである。いくら空といい、諸法は生滅なきものといっても、それは本体論である。……また諸法は生滅なしということは、般若の側、すなわち真諦面のことであり、俗諦面では因縁の故に敬礼信奉せねばならない。（一八三）

不生不滅の〈空〉般若の本体を敬礼することは、とりもなおさず、その〈空〉般若の現象として、生滅する形ある施設可得の〈色〉般若を現成するのである。（一八四）

「施設可得」が理解されていないから、いわれていない「〈空〉般若、〈色〉般若」をこしらえて、本体と現象とする。この論理によれば、色般若を敬礼するということになるが、そこは「現成する」とぼかされている。

内山『味わう』

諸法に敬礼しようという気持ち。出会うところはすべてわが生命なのだから、出あうところを敬い、礼拝するという根本態度。そこに「雖無生滅の般若、これ敬礼なり」という。ここでいう「敬礼」とは、言い換えれば価値の置き方、価値観の問題です。……われわれの根本的な価値の置き方は、尽一切生命なのだ。尽一切生命を絶対価値とする。そして尽一切生命を敬い、礼拝するという。（五四）

すべての行は、すべて無所得、不可得のところに無所得と言う可得もある。ないわけではない。（五六）

「諸法」が「出あうところ」になり、また「尽一切生命」に言い換えられる。「諸法」とは、そのように言い換えられるものだろうか。そこに「雖無生滅」や「般若」はどのようにかかわるのだろうか。本文には「すべての行は、すべて無所得」ということは言われていない。かえって四果と種々の菩提が得られる成果としてあげられている。『聞解』の影響だろう。もっとも「私は正法眼蔵の字句を解釈しているのではない。眼蔵をテキストにして、生命の実物を標準にした見方、考え方を、ここへ来られる方に吹き込みたい。」（六二）ということなのだから、批判は当らないかもしれない。

西嶋『提唱』

「生滅ナシトイエドモの般若、これ敬礼なり」、この法というものは、生起したり、生滅したりというふうなことのない、永遠のものだというふうな正しい智慧が生まれてきたのであって、これこそは尊敬し、礼拝することである。つまりこの宇宙というものに対して、敬虔な気持ちで礼拝するというふうな状態が生まれてきたことである。（六二）

「これを無といふ」、このように細かい考え方というものがあるけれども、それを全部ひっくるめて、突き詰めていけば、無である。……ものを考えるということは非常に尊いことではあるけれども、その考えに引きずり回されたのでは、人間としての立場を失ってしまう。だから、考えるということが大切であると同時に、ときには、そんなものは何でもないと言う立場も必要。そんなものは何でもないと言う立場が、無の立場。（六三）

「無の施設、かくのごとく可得なり」、したがって、無と言う教えは、現にいまここで説明したとおりに、理解が可能でありながら、しかも無である。（六四）

「雖無生滅」と熟語された内実は、生滅のない永遠のもの、ということではまったくなく、経でその前に説かれた「一切法空」などの内実としての「不生不滅」であろう。あえていえば、仏教も自然科学も、宇宙を含めて「永遠のもの」は措定できない。宇宙を礼拝するとはいかなる態度、宗教をいうのだろうか。〈無の施設〉は「無という教え」と捉えられ「そんなものは何でもない」と説明するが、妥当とは思えない。

門脇『身』

「雖無生滅の般若」とは有無に堕せぬ般若を指す。それが「敬礼」であると道元は断定する。般若と敬礼の同一化は、諸法を敬礼する行為の真只中で起こる出来事……この正覚は「施設可得」ではない。けれども三昧から出て、諸法に直面し、それを礼拝する時、その「無上の正覚」は「施設可得の般若」へと変貌する。（九三）

敬礼という行為はすでに仏のいのちに生かされた仏の行であって、この仏行としての敬礼が「施設可得の般若」を現成しうるのである。（九四）

道元は、「無」が敬礼と同時に現成する「施設可得の般若」である、つまり、戒・定・慧・解脱・解脱知見・過去・現在・未来・行・住・坐・臥などのおびただしい力働的な働きをなしうる般若であると解している。（同）

「雖無生滅」が「有無に堕せぬ」という意味であるとは理解できないが、なんの根拠もなくどうしてこう断言できるのだろう。また〈施設可得の般若現成せり〉で、なぜ無上正覚が般若へと「変貌」したものと解せるのか。また〈敬礼〉を「仏の行」というが、仏行は、発心修行菩提涅槃、とりわけ修証一等の坐禅にだけいい得るのであり、礼拝などに対してかんたんに言えることではない。また「過去・現在・未来」が、どうして「おびただしい力働的な働き」となるのか。また、比丘の礼拝などなくても戒・定・慧や行・住・坐・臥はふつうにあるのではないか。これらは「施設可得」が訳されずに、ただ般若の一種とされていることにも由来しよう。

酒井『真実』

般若波羅蜜と申しますと、この宇宙のすべてがみな般若波羅蜜多なんですよ。……「此の中に諸法の生滅なしと雖も」―もうこの中には、一切のものが入ってしまっておって、手がかりになるものは一つもない。そしてまた、この般若波羅蜜多の中には、すべてのものが全部備わっている、何もかも備わっている、こういうわけで、それが「施設可得」「施設可得」と、こうなっている。（九七―九八）

「この宇宙のすべてが般若波羅蜜多」というのは自然外道であろうし、「施設」を備わるという意味にとっているのは、妥当だろうか。

森本『読解』は道元の解釈には一言も触れていない。したがって「無の施設可得」についても何も言われていない。

竹村『講義』

「諸法を敬礼するところに」、これは経典では「甚深般若波羅蜜多を敬礼すべし」なんですが、道元禅師はどういうわけか「諸法を」と言われているのですね。どういう意味で「諸法を」と言われたのか。甚深波羅蜜多を含めて、何であれ、ありとあらゆるものを敬礼する、その敬礼するところにと、そんなふうに取っておきましょうか。……逆にいえば、敬礼するという、その敬礼するというただ中は、生ずるものでもないし滅するものでもないという、その真理がそのまま実現した世界ですよと。（二四一―二四二）

般若波羅蜜多を敬礼するというのは、けっして般若波羅蜜多を対象的に自分の前において、それに対して敬礼するというのではない。むしろ般若波羅蜜多になりつくすことだということになります。只管打坐、坐禅して坐禅になり切るという、そこに知恵がある。おのずからはたらいていく、それになり切るという、そこが敬礼だ。その世界をあえていえば、「雖無生滅の般若」、（二四三）

不生不滅という世界は、けっしてぼうっとして痴呆のように何もわからないというのではなくて、その場その場はっきりはっきりわかっているのだけれども、……そういう世界にあれば、そこにおのずから声聞の修行では、預流・一来・不還・阿羅漢、菩薩の修行では無上菩提を得る等々、それぞれそれを区別して施設することができる。言葉を立てていくことができる。（二四四）

「これを無といふ」って、誰が無と言うのでしょうか。道元禅師がこれを私は無と呼ぶのだと、こう言われたというのも一つの解釈かと思うのですが、ここで突然「これを無といふ」と出てきたのは、おそらく『般若心経』に「無色声香味触法、無眼耳鼻舌身意」云云とあった、そのことを言っているのだろうと私は思うのです。（二四五）

「無色無受想行識」という言い方の中で、空相に裏づけられた五蘊、真実の空相に裏づけられた世界そういうものを語っていけることができるのだと示されたわけです。（二四七）

ていねいに道元の言葉にそって解釈しているわけであるが、敬礼することがどうして「般若波羅蜜になりつくす」ことなのか、敬礼と坐禅はどのように関連しているのか、どうも分からない。なぜ「言葉を立てていく」ことを道元が言ったのか、説明されていない。また「これを無という」とは『般若心経』の「無」の説示だろうか。竹村は、経典の部分も非常に詳しく説明しているが、それは教学としてのすぐれた説明でしかないし、最初から道元は『心経』の空を述べているという前提があるように思われる。

頼住「一考察」

「般若波羅蜜」というのは本来、対象化できないものだから、敬礼は不可能であるはずだ。しかし、比丘の「竊作念」（密やかな思い）によれば、本来分節できない真理を分節し、そして、そこに敬礼の対象をたてることができるという。（三二）

敬礼する比丘と敬礼される具体的な対象である、「五分法身」（仏や聖者）以下の諸法とは、本来一如のものであるとはいえ、それぞれに分節し、その敬礼によって、自己も他も根源的無分節に帰還するのである。（三二）

「而今」が付されることによって、ある僧のひそかな思い（「一苾蒭の竊作念」）が、実は、真理の現成という重みをもったものであることを暗示している。「諸法を敬礼する」のは、ここでは比丘であるが、その時には「雖無生滅の般若」が「敬礼」することになるというのである。ここでは「雖無生滅の般若」と言われている。「無生滅」と言ってもいいところをあえて「雖無生滅」としているのは、逆接の意味を添える「雖」の字を付けることで、「般若」が「敬礼」される側から「敬礼」する側へと、いわば一八〇度転換するその落差を印象付けている……無分節の真理とも「空―縁起」とも言える。この「般若」が、一人の比丘として「敬礼」するというのである。本来は、一つである「般若」が「敬礼」する主体と「敬礼」される対象とに分節しつつ、それぞれが「般若」であり続けているということをこの言葉は示している。（三四）

「無の施設」とは、空なる智慧であり、無自性、無我、無根拠、無分節という意味で「無」と呼び得る「般若」「空」が、静止的なものではなくて、そこから自らを展開させ、分節し、さまざまなものを立ち現し（現成し）得るということである。「施設」は「現成」である。（三一―三二）

「無」とは無分節の般若であり、「施設」とはその無分節を踏まえての分節なのだ。……道元としては、「般若」に関連しては、「無の施設」つまり、無分節から具体物の分節が立ち現れてくることに力点をおいて解釈している……（三五）

般若を敬礼することは不可能だというが、具体的対象でなければ敬礼できないということはあるまい。三宝の中の「法」は具体的対象ではないし、道元もすぐ続けて〈諸法を敬礼するところに〉と使っている。問題は経文にも道元のコメントにも、どこにも戒蘊（「五分法身」は「仏や聖者」ではなく、戒蘊・慧蘊などである）から度有情類を敬礼の対象とするとはいわれていないのに、勝手にそう解釈することである。本文ではそれらは礼拝の対象になるのではなく、施設可得の般若といわれている。それを間違って戒蘊などを礼拝の対象とし、その上、般若（その戒蘊など）が比丘として礼拝するという、それこそ不可能なことを「雖」の一字を根拠にしていう。道元の本文のどこから、「般若」が敬礼すると読めるのだろうか。それを「いわゆる小乗仏教の聖者への『敬礼』に言及している」（三三）というのは、間違いである。諸法と修行者の働きである〈戒蘊乃至度有情類〉が、どうして「本来一如」のものであるといえるのか。そんなはずはない。またそれぞれの範疇自体が、修行の結果としての状態とか、帰依し信じ敬うべき対象（三宝）であるとか、仏の働き（転妙法輪、度有情類）

とか、それぞれ次元が違うのである。

「無の施設」については、頼住が「無」を「空なる智慧であり、無自性、無我、無根拠、無分節」という無のついた教学で定義することの独善性、「『施設』は『現成』である」と解釈する独善性、誤りから出て来る解釈である。


【私釈】


ここから、『大般若経』の引用とそれについての道元の拈提に入る。いったい六百巻もある『大般若経』の中で、道元はどのように初会の「著不著相品」第二百九十一巻を選んだのであろうか。

『大般若経』六百巻は大乗初期以来の般若経典群の集大成であるが、初会が四百巻で、その部分と第十会から第十六会の二十一巻とが、玄奘（六〇二—六六四）が新しく将来し訳したものである。あとの百七十九巻に第二会から第九会までが入り、そこに鳩摩羅什らが訳した『小品般若経』『大品般若経』『金剛般若経』など重要な般若経典に対応するものが、改めて玄奘が訳してすべて入る。それゆえ道元は玄奘が将来した、あまり人々がよく知らない新しい般若経典を引用しているのである。

『大般若経』は道元の著述ではこの品とこの巻に後で引用される第百七十二巻随喜迴向品以外は、巻三（《出家》《出家功徳》）と巻四百六十九巻《菩提薩埵四攝法》が引かれるが、後者は『大品般若経』（鳩摩羅什訳）に相当する部分である。あと『金剛般若経』が四回、『仁王般若経』が一回でいずれも鳩摩羅什訳が引かれている。ここが引用される理由は、いまのところ他の大乗論書などの文献による言及が知られないから、道元が独自に、その内容という点で選んだというしかない。

もし、道元が「空」の思想を説きたかったならば、有名な『金剛般若経』や『仁王般若経』を用いたらよい。それらには、空思想が説かれていて、非常に鋭く小乗仏教を批判しているからである。しかし、道元が引用しているのは、後期の般若経典で上座部の思想とかなり親和性のあるものだ。その上座部とも親和性を持つ点が、道元が『般若心経』を換骨奪胎して原始仏教通りの説を展開したことと響き合う。

この「著不著相品」を道元が選んで示したかったことが二つあると思う。一つは「敬礼」ということ、もう一つは「施設」で、後者が「施設可得」と「無の施設」と展開される。まず「敬礼」から見ていきたい。

引用された経の本来の意味は現代語訳でも明らかなように、如来の会中（ここでは大乗の会）に、一比丘が密かに思ったことが説かれる。それはまず、「深般若波羅蜜を敬礼しよう」ということで、その後、その般若には、諸法の生滅はない、と遮詮でいわれるのではあるが、それでも戒蘊以下度有情類まで、阿含経に説かれているような「言語表現できるものがある」と示される。「諸法の生滅なし」は、『心経』で「諸法空相不生不滅」と説かれることであり、道元がここでは引用しなかった箇所（最後に引用される〈是諸法空相不生不滅……〉）である。

さて、比丘がなぜ密かに思ったのか。それは大乗の会衆としては、阿含経の範疇をそのまま認めることは憚られたからである。その範疇に「不」とか「無」とかをつけてはじめて大乗の教えとなるからだ。『心経』も、諸範疇に「無」を付けている。実際に、引用された経文は、その前に無をつけた範疇をたくさん挙げている。

無苦聖諦可施設。無集滅道聖諦可施設……世尊。如虚空中。無預流果可施設。無一来・不還・阿羅漢果可施設。所修般若波羅蜜多亦復如是。世尊。如虚空中。無独覚菩提可施設。所修般若波羅蜜多亦復如是。世尊。如虚空中。無一切菩薩摩訶薩行可施設。所修般若波羅蜜多亦復如是。世尊。如虚空中。無諸仏無上正等菩提可施設。（苦聖諦の施設すべき無し。集滅道聖諦の施設すべき無し……世尊よ。虚空中の如く、預流果の施設すべき無く、一来・不還・阿羅漢果の施設すべき無し。

修するところの般若波羅蜜多もまた是《か》くの如し。世尊よ、虚空中の如く、独覚菩提の施設すべき無し。修するところの般若波羅蜜多もまた是くの如し。世尊よ、虚空中の如く、一切菩薩摩訶薩の行の施設すべき無し。修するところの般若波羅蜜多もまた是くの如し。世尊よ、虚空中の如く、諸仏の無上正等菩提の施設すべき無し。T6,p.479c—p.480a)

けれども、今道元が引用する部分は、比丘があえて敬礼して、「施設すべき無し」ではなく、「施設は可得」と思ったことを、如来が察して「その通りその通り」と肯定している。この非常に珍しい経典の箇所を、道元は引用したのである。

道元の解釈は、〈一苾芻の竊作念は〉と始まる。およそ漢文の解釈として「竊作念」は名詞にはならず、したがって主語になるようなものではない。また〈雖無生滅の般若、これ敬礼なり〉という。経文の「雖」という逆接の接続詞からはじまる「雖無諸法生滅」から「雖無生滅」という詞を作り、それを般若の形容にすることなど、まったく漢文の文法や文脈を無視したものである。

道元は、人々に対する最初の示衆でこのような破天荒な漢文の読みをすでになしていたのであり、それは『正法眼藏』で経典が引用されて用いられる時、しばしば使われる道元独自の手法である。しかし、聴衆は漢文としてはでたらめな道元の説示をどう思っただろうか。

そして、引用経文で最初に〈我応敬礼甚深般若波羅蜜多〉と一度だけ言及される「敬礼」は、道元によって独自に三度言及され、解釈されている。

道元は、ここでなぜ「敬礼」を強調したのだろうか。当時の聴衆にとって、道元の説いたものとして知られていたのは『普勧坐禅儀』と『辦道話』だけである。そして、『辦道話』の中心的メッセージは、如浄から承けた「宗門の正伝にいはく、この単伝正直の仏法は、最上のなかに最上なり。参見知識のはじめより、さらに焼香・

礼拝・念仏・修懺・看経をもちゐず、ただし打坐して身心脱落することをえよ。」である。この言葉は、『宝慶記』でも如浄の言葉として「参禅は身心脱落なり。焼香・礼拝・念仏・修懺・看経を用いず」（一五）と確認される、いかにも禅宗らしいものである。他の行をすべて無用とするのは、「三教十二分教も、皆な是れ不浄を拭うの故紙なり」といった臨済や、寒時、木仏を焼いた丹霞天然を思わせる大胆な発言である。

しかし、この如浄の指示は『正法眼藏』には〈先師尋常道〉《仏経》の後と〈先師古仏云〉《三昧王三昧》の後、そして〈先師……又いはく〉《行持》の後に説かれ、必ず先師の言葉であるといわれて、道元自身の言葉としては説いていない。

『永平広録』では三三（仁治二年）と最晩年の四三二（建長三年）で、坐禅を強調する文脈で説かれるのみである。

おそらく『辦道話』を説いた寛喜三年から、この最初の示衆をなした天福元年の二年の間で、「焼香・礼拝・念仏・修懺・看経を用いず」については、師匠とは違った思いをもったのだろう。「焼香・礼拝・念仏・修懺・看経を用いず」は、読みようによっては「看経」しないのだから教外別伝であり、「念仏・焼香・礼拝・修懺」など、自分ではない仏や高僧を対象にして行う礼儀は必要ないと受け取られて、自己のみを尊いとする「禅天魔」になりかねない。このような従来の仏教者の規矩を無みするような「禅」を、道元は一生涯に亘って説いていない。

この巻の「敬礼」の重視は、『辦道話』での師の思想との決別を明らかにしたものではあるまいか。この示衆において道元は、彼の仏道にとって「恭敬礼拝」「敬礼」は非常に大切である、ということを公けにしたのであろう。

これ以降の『正法眼藏』で、道元は「礼拝」を大事な修行の在り方として説いていく。「礼拝」という詞は

『正法眼藏』には実に一三一回も使われている。たとえば〈その人事は、焼香礼拝なり、……和尚にむかひ曲躬如法問訊しをはりて、展坐具礼拝するなり。拝は九拝、あるひは十二拝するなり。拝しをはりて収坐具して問訊す。あるひは一展坐具、礼三拝して寒喧をのぶることもあり。いまの九拝は寒喧をのべず、ただ一展三拝を三度あるべきなり〉《陀羅尼》と詳しく礼拝の仕方を説いている。そして、ほとんどが「恭敬礼拝」など肯定的に使われており、《礼拝得髄》という巻名もある。「敬礼」はこの巻を含めて十二回使われる。

ちなみに「焼香・念仏・修懺・看経」についても《看経》という巻があり、〈もし常住公界の看経には、都鑑寺僧、焼香、礼拝、巡堂、俵銭、みな施主のごとし〉《看経》と、焼香・礼拝とともに「看経」が説かれ、〈看経請益は、家常の調度なり〉《看経》ともいわれる。「念仏」は〈造仏造塔するなり、読経念仏するなり〉《発無上心》と説かれ、「焼香」も先に引いたほかに〈十方の三宝を勧請したてまつりて、そのみまへに焼香散華して、まさに諸行を修するなり〉《帰依三宝》などと説かれる。それらを「不用」と説くことは一度もないのである。

さて本文に戻って、道元は〈諸法を敬礼するところに〉と、第一の「敬礼」を挙げる。敬礼の対象を、経本文に説かれた「甚深般若波羅蜜多」ではなく「諸法」とする。文法的には「諸法の生滅無しと雖も」の「諸法」を文の目的語とすることはできないが、道元は破格の扱いを強行する。

「諸法」は、この『大般若経』からいえば「あらゆるあるもの、在り方」を指すだろうが、「施設可得」をいう今の文脈においては、先に挙げられた〈眼耳鼻舌身意、色声香味触法……行住坐臥〉ととることもできよう。それゆえ〈諸法を敬礼する〉、というのは、仏の教に対する敬虔な行動である。上座部の教えも含む諸法に対して敬虔な態度を取るところでは、〈雖無生滅〉つまり、無生滅、無去来などの遮詮を〈雖《いえども》〉と留保する深い知恵が、すなわち〈般若〉となる、と解せないだろうか。つまり、鋭く切れる般若経典類に比べて、『大般若経』のこの箇所は、上座部との妥協といえばいいえるような譲歩した説き方もしている。

それは仏の教えに対する敬礼だ、と道元はいいたいのではなかろうか。それが、〈無生滅〉を〈雖〉と留保する深い知恵〈般若〉、すなわち〈雖無生滅の般若〉、これが敬礼である、といわれている。これが第二に挙げられる道元独特の「敬礼」である。

第三は、続く〈この正当敬礼時〉、つまり仏の教えに対する敬虔な態度をとる時と、第一の意味でいわれて、〈施設可得の般若現成せり〉と結ばれる。仏の教えに対する敬礼、敬虔な気持ちがあるところで、言語表現による般若が現成する。そういう敬虔さがなければ、言語化できる深い智慧も生まれないというのだ。

ここから「施設可得」と「無の施設」の問題に入る。

「施設可得」については、「言葉をもって表現する」、「さまざまな手段、方便をもって表現する」という意味が、阿含経典や論書からも、道元の用法からも響いてくる。つまり仏の智慧（般若）は非常に幽邃ではあるが、説法できる、施設（言語をもって表現）できる、というのが「施設可得」であろう。だから〈施設可得の般若現成せり〉と道元はいうのである。

前の章で十二処、十八界などが「般若」であるといわれた。そうであれば、戒薀以下も般若であり、施設可得の般若である。〈現成せり〉というのは、このように一比丘によって明らかな言葉にもたらされたことをいうのであろう。

引用された施設可得の例は「戒蘊・定蘊・恵蘊・解脱蘊・解脱知見蘊」という小乗教学の範疇である「五分法身」、大乗がそれを否定して菩薩乗・仏乗を立てた修行の果の分類である「預流果・一来果・不還果・阿羅漢果」の四果であり、「独覚菩提・無上正等菩提」、そして原始仏教以来の「仏法僧宝」と、仏の働きである「転大法輪、度有情類」が最後に挙げられている。

これらの諸範疇は、禅宗でよく知られている『金剛般若経』によれば、たとえば四果についてはこう否定的に言われる。

須菩提。於意云何。須陀洹能作是念。我得須陀洹（預流＝筆者）果不。須菩提言。不也世尊。何以故。須陀洹名為入流而無所入。不入色聲香味触法。是名須陀洹。須菩提。於意云何。斯陀含能作是念。我得斯陀含（一来＝筆者）果不。須菩提言。不也世尊。何以故。斯陀含名一往来。而実無往来。是名斯陀含。須菩提。於意云何。阿那含（不還＝筆者）能作是念。我得阿那含果不。須菩提言。不也世尊。何以故。阿那含名為不来而実無来。是故名阿那含。須菩提。於意云何。阿羅漢能作是念。我得阿羅漢道不。須菩提言。不也世尊。何以故。実無有法名阿羅漢。（須菩提よ、意においていかん。須陀洹は、よく、この念いを作して、われ、須陀洹の果を得たり、とするや。須菩提言く、否なり、世尊よ。何を以ての故に。須陀洹は名づけて入流となせども、しかも入る所無ければなり。色声香味触法に入らざる、これを須陀洹と名づくるなり。……斯陀含を一往来と名づくれども、しかも実には、往来無ければなり。……阿那含を名づけて不来となせども、しかも実には来ることなければなり。……実に法として阿羅漢と名づくるもの、有ること無ければなり。）（T8,p.749c）

例の最後に挙げられた「度有生類」についても「実無有衆生如来度者。（実に衆生として、如来の度すべき者有ること無ければなり）」（T8,p.752a）といわれる。このように『金剛般若経』では否定的に言及される諸範疇を、『大般若経』のこの比丘は、「施設可得」として肯定して挙げるのである。

これらのことから、道元は「教外別伝」ではなく、「教」である小乗の教学を構成する諸範疇を「施設可得」、すなわち言語表現できるものとして、それが般若であると示す。

「施設可得」の般若とは、〈いはゆる戒・定・慧、乃至度有情類等なり〉といわれるように、戒定慧（五分法身の最初の三つ）から、四果、独覚菩提、三宝、度有情類と言及された諸範疇である。そのような小乗の諸範疇は、前の『心経』に由来する五蘊の色受想行識や十二処、十八界と同様な基本的範疇であり、もしここで終わっていたら、それはテーラヴァーダ（上座部）の範疇を深い智慧であるとし、その教えを肯定するという域を出ないだろう。テーラヴァーダ仏教といえども、説一切有部などでなければ、それらが実体的なものだとはいわず、仮に言語で表現したものという立場を取るだろう。

ところが道元はこれに加えて〈これを無といふ。無の施設かくのごとく可得なり〉という。これがこの節でもっとも重要である。

そこで〈無の施設〉の問題に移ろう。

この〈無の施設〉に対して竹村『講義』は、「『般若心経』に『無色声香味触法、無眼耳鼻舌身意』云云とあった、そのことを言」うと、『心経』でいちいちの範疇に付けられた「無」をいう、と解釈する。これは、『心経』の解釈は前章で終わっていて、別の『大般若経』の引用について語られる文脈であるから、成り立たない。前章でいったことを「これを」と受けることはできないからである。またこのような解釈は、道元が「無」をとって言及したことを無化してしまい、竹村がしているように、結局『心経』と同じ趣旨を道元が語ったことになってしまう。

文脈からいえば、〈いはゆる戒・定・慧、乃至度有情類等なり、これを無といふ〉とあるのだから、戒・定・慧、解脱・解脱知見や四果、独覚菩提、無上菩提、三宝、転妙法輪、度有情類を、〈これを無といふ〉のである。だれが言うかといえば、道元がいうのである。

戒・定・慧、解脱・解脱知見や四果、独覚菩提、無上菩提、三宝、転妙法輪、度有情類は、先に施設可得の般若の現成であるといわれていた。説くことのできる深い知恵がいま、実現されたものだというのであるから、それらは経典の内実ということもできる。それらが「無」であるとはどういうことだろうか。

これを考える手がかりが《仏教》にある。そこに玄沙の「祖師西来意」の問答が、次のようにある。

〈玄沙いはく、三乗十二分教総不要。この道取は法輪なり、……祖師西来意の正当恁麼時は、この法輪を総不要なり。総不要といふは、もちゐざるにあらず、やぶるるにあらず。この法輪このとき総不要輪の転ずるのみなり。〉

その現代語訳（石井修道）はこう付けられている。

玄沙は言った、「三乗十二分教は全く不要だ。」

この答えは、釈尊の教えそのもの（法輪）である。……祖師西来意のまさにその時こそは、この法輪を「全く不要」とするのである。「全く不要」というのは、用いないというのでもなく、破棄するのでもない。この法輪はこのとき、全く不要という教え（総不要輪）が説かれるだけなのである。

これに続いて三乗十二分教の一端として、道元は《摩訶般若波羅蜜》でこれまで説かれた三乗、四聖諦、六波羅蜜を説くが、その説き方は例えば、つぎのようである。

〈四諦によりて得道す。四諦といふは、苦諦、集諦、滅諦、道諦なり。これをきき、これを修行するに、生病老死を度脱し、般涅槃を究竟す。この四諦を修行するに、苦集は俗なり。滅道は第一義なりといふは論師の見解なり。もし仏教によりて修行するがごときは四諦ともに唯仏与仏なり、四諦ともに法住法位なり、四諦ともに実相なり、四諦ともに仏性なり。このゆゑにさらに無性無作等の論におよばず、四諦ともに総不要なるゆゑに。〉《仏教》

この四諦の説き方は、それが「唯仏与仏、法住法位、実相、仏性」と説かれており、今の「般若」に相当しよう。それが「無性無作等の論におよばず、四諦ともに総不要」と結ばれる。

ここに「戒蘊・定蘊・恵蘊・解脱蘊・解脱知見蘊、預流果・一来果・不還果・阿羅漢、独覚菩提、無上正等菩

提、仏法僧宝、転大法輪、度有情類」をいわゆる般若経の説き方のように「無性、無作」とは言わずに、最後に「無の施設」と言われるところが、「総不要」と対応するだろう。〈これを無といふ〉ところに、『大般若経』の諸範疇を、〈施設可得〉と肯定しても、それを対象的な教学にしないで、自己の実存の事柄とした道元の意図が伺われる。

〈総不要の時節〉《仏教》とは、その説法の内実がそこで具現化してもはや説く必要のない打坐の時節であり、後にそのことが風鈴頌で明らかにされる。

玄沙の答え「総不要」も、口で説くような三乗十二分教の内実がここ、坐禅をする玄沙にある、という絶対の自信の表明であろう。

もし、ただ〈施設可得〉だけであれば、「戒蘊・定蘊……、転大法輪、度有情類」が、般若であり、先に五蘊なども般若としたのだから、その般若を修行するということになり、それは『達摩多羅禅経』や『摩訶止観』が説く修行と同じことになってしまう。

例えば『摩訶止観』巻四では止観のための前方便として、「一には五縁を具し、二には五欲を呵し、三には五蓋を棄て、四には五事を調え、五には五法を行ず」とあって、それらの説明が長く続く。そして実際に上座部の止観と同じように五蘊、六入、六境を観察してそれらを離れる坐禅修行をしなければならない。多くの解釈がなしたような五蘊、六入、六境を、そのまま深い智慧と認めては仏教にならない。

したがって頼住「一考察」が〔なお、注目しておきたいのは、ここの部分では「五分法身」や「四果」や「独覚菩提」というようないわゆる「小乗仏教」の聖者への「敬礼」に言及しているということである。これは、前段において道元が「四諦」という小乗仏教に遡る教理に対しても、大乗仏教固有の「六波羅蜜」や「阿耨多羅三藐三菩提」と並んで、般若波羅蜜の現れとして「～枚」と数えあげていることとも関ってくる。このように、いわゆる小乗仏教の教義やさとり、聖者をも「施設可得」なるものとして挙げ、それを自己の枠組みに包摂しようとしているところに、道元がこの「摩訶般若波羅蜜」巻を「現成公案」巻とならんで、『正法眼藏』の出発点においた意味が見てとれるのである。」(三三―三四)というのは、問題である。道元はけっして小乗の教義を彼の教えに包摂したのではない。それらの範疇を否定しないで「般若」としながらも、それを除いたり、達成したりする修行には一切言及されていない。

大小乗の様々な教理による実践法を一挙に坐禅に収斂させたのが、達摩以来の禅の伝統である。そのことは道元が如浄から承けた根本宗旨の中に明言されている。

身心脱落とは坐禅なり。祇管に坐禅する時、五欲を離れ、五蓋を除くなり。(『宝慶記』一五)

坐禅をひたすら行じる時、自ずから五欲(財欲、色欲、飲食欲、名誉欲、睡眠欲)を離れ、五蓋(貪・瞋・睡眠・掉悔・疑)が除かれる。あるいはそれらが除かれるような坐禅をしなくてはならないのである。その「おのずから除かれる」が「総不要」の内実である。そのようにして、はじめて坐禅が止観の坐禅とは異なる只管打坐となる。坐禅ならなんでも同じなのではない。『永平広録』には次のようにいわれる。

凡夫・外道、倶に坐禅を営む。(四三七)

外道もまた坐禅有り。雖然《しか》れども外道は、著味の過有り、邪見の刺有り。所以に諸仏・菩薩の坐禅と同じからざる也。二乗・声聞も亦た坐禅有り。雖然《しか》れども二乗は自調の心有り、涅槃の趣を求むる有り。所以に諸仏・菩薩の坐禅と同じからざる也。(五一六)

止観は「念・想・観」、つまり四念処や九想、日想や種々の観法をなす坐禅であるが、道元の『普勧坐禅儀』

には、打坐は「心意識の運転を停《や》め、念想観の測量《しきりょう》を止《や》めて、作仏を図ることなかれ」と明確に言われている。上座部教学に対して道元がどのように説いたのかは、例えば五蘊や戒・定・慧・解脱・解脱知見に対して『永平広録』では次のように言われている。

上堂。仏仏祖祖の坐禅は、動静ならず、修証ならず。身心を拘《とら》えず、迷悟を待たず。所縁を空たらしめず。諸界に繋がれず。豈に色受想行識を貴とせんや。道を学ぶには色受想行識を用いず。若し、色受想行識を行ずれば、即ち是色受想行識にして学道にはあらざるなり。（三四三）

五蘊の働きの肯定なのではないことが、はっきりわかり、まして「空」になることではない。

冬至の上堂、……宏智禅師、既に恁麼に道《い》へるも、永平更に道《い》ふ処有り。今日、第一微妙の正法、戒・定・慧・解脱・解脱知見を成就し、阿耨多羅三藐三菩提を生じて退せず転ぜず。（二九六）

……八万四千の法門有り。向来一十家の説くところ、これ恁麼なりといえども、永平、いまだ十家の窟裏を脱れず、また道処有り。謂く、八万四千の法門、這箇の法を脱落し尽くすと。（四一三）

これが坐禅のところに五分法身、無上菩提の成就があり、その実存のところでは範疇などという施設されたものは脱落するのである。それが「無の施設」の可得であろう。沢木興道老師は「一切経は坐禅の脚注である」といわれたことが、思い出される。

しかし、やはりどのように修行すればそうなるのか、という問が残り、それが次節で説かれる。

〈施設可得〉という用語を使って、道元はかれが伝えるものが、いわゆる禅宗でも大乗仏教でもない「正伝の仏法」、仏道であると暗に宣言したのであろう。その姿勢は晩年の十二巻本に至るまで貫かれたのである。

二節　虚空

天帝釈問具寿善現言、大徳、若菩薩摩訶薩、欲学甚深般若波羅蜜多、当如何学。善現答言、憍尸迦、若菩薩摩訶薩、欲学甚深般若波羅蜜多、当如虚空学。（天帝釈、具寿善現に問うて言く、「大徳、若し菩薩摩訶薩、甚深般若波羅蜜多を学せんと欲わば、当に如何が学すべきや」。善現答えて言く、「憍尸迦、若し菩薩摩訶薩、甚深般若波羅蜜多を学せんと欲わば、当に虚空の如く学すべし」。）

しかあれば、学般若これ虚空なり、虚空は学般若なり。

［注釈］

○**天帝釈**……　出典『大般若経』第二百九十一巻著不著相品（T6,p.480b—c）。ここでは字句の相違はない。

○**天帝釈**　ヒンドゥー教の神インドラ。帝釈天、釈提桓因も同じ。梵天とともに仏教の守護神となる。

○**具寿**（āyuṣmat）　比丘に対する敬語、年少の比丘を呼ぶ。仏教に通じた年長の僧を言う場合もある。

○**憍尸迦**　天帝釈の名前（サンスクリット kauśika カウシカ）の音写。四阿含の中で雑阿含経偈誦などのみに出る。パーリ聖典の四ニカーヤにはなし。例えば次のようである。

・雑阿含一一〇六

以是因縁故。釈提桓因名娑婆婆。比丘復白仏言。世尊。何因何縁。釈提桓因復名憍尸迦。仏告比丘。彼釈提桓因本爲人時。爲 憍尸族姓人。以是因縁故。彼釈提桓因復名 憍尸迦。……比丘白仏言。世尊。何因何縁。釈提桓因復名千眼。仏告比丘。彼釈提桓因本爲人時。聰明智慧。於一坐間思千種義。観察称量。以是因縁。彼天帝釈復名千眼。（……是の因縁を以ての故に釈提桓因を娑婆婆羅と名く。比丘、復た仏に白《もう》して言く、世尊よ、何に因り、何に縁りて釈提桓因は復た憍尸迦と名くや。仏、比丘告げたまわく、彼の釈提桓因、本《もと》人為《たり》し時、憍尸族姓の人為《た》り。是の因縁を以ての故に彼の釈提桓因を復た憍尸迦と名く。……比丘、復た仏に白《もう》して言く、世尊よ、何に因り、何に縁りて釈提桓因は復た千眼と名くや。仏、比丘告げたまわく、彼の釈提桓因本《もと》人為《たり》し時、聰明にして智慧は、一坐の間において千種の義を思し、観察称量す。是の因縁を以ての故に彼の天帝釈を復た千眼と名づく。T02,p.290c—p.291a)

・並行パーリSN11・2・3

だからかれは〈ヴァーサヴァ＝娑婆婆〉と名づけられるのである。神々の主であるサッカ（釈提桓因）は千の事柄を一瞬間のうちに考えた。だからかれは〈千の眼ある者〉と呼ばれるのである。（中村元『悪魔との対話』二七七頁）

『涅槃経』巻三三では異名の一つとして因陀羅などと共に挙げられ（T12,p.563c）、また『大智度論』巻五六（T25,p.458a）には、帝釈天が人間だった頃の名前が憍尸迦（**Kauśika**、**Kosika** パーリ）であると説かれる。

○**学す**　学はふつうに「まなぶ」「習う」「さとる」という意味であるが、仏教、ことに禅宗では「修行する」という意味に使われる。例えば『学道用心集』は道を学習する用心ではなく、道を修行する用心である。

○**虚空**　虚空は、ふつうは、なにもない空間のことだが、道元におけるその意味は異なる。「虚空」は後の如浄の風鈴の頌にも〈渾身似口掛虚空〉と出る。また道元は《虚空》巻を書いている。

【現代語訳】

天帝釈が大比丘の善現（スプーティ）に質問して言った、「大徳よ、もし菩薩大士が、非常に深い覚りに至る智慧を修行しようと思ったならば、どのように修行したらいいでしょうか」。善現が答えて言う、「憍尸迦よ、もし菩薩大士が、非常に深い覚りに至る智慧を修行しようとするならば、まさに虚空のように修行しなさい。」

そうであるから、般若を修行することは、虚空なのであり、虚空は般若を修行することなのである。

【諸釈の検討】

『聞書』

具寿善現者《とは》須菩提［の］事也、憍尸迦者《とは》天帝釈［の］事也。学の詞有［り］と云へども不置能所を［置かず］、学虚空なり。（一六三）

能所を置かず、というのはおかしいし、「学虚空」とはいわれていない。学般若が虚空であり、虚空が学般若と言われている。

『御聴書抄』

是は打任て人の心得なるは空はうつけうつけとある所を虚空と名《なづけ》たり。非爾《しかにはあらず》、只此［の］虚空は指法体［法体を指す］を虚空と談ずる也。乃至般若を談虚空と也。故に虚空は学般若也と云［う］なり。（同）

「うつけ」とは空っぽのこと。そうではないという指摘はいいが、「虚空」がなぜ法体になるのだろうか。空ととっているからではないか。すると学般若は空ということになるが、そういうことだろうか。

『聞解』

　如虚空学するは一切の相手を不取［取らず］学するを云［う］。（同）

「相手を取らず」とは、対象にしない、という意味だろうか。ただ道元はその点には触れていない。

『私記』

　欲学、当如何学、これ般若なり。当如何学のひびけるには当如虚空学也、当如牆壁瓦礫学なり、虚空と般若と無二無二分《ママ》なり、ゆへに学般若これ虚空等といへり。（同）

牆壁瓦礫をもってくる意図はなんだろうか。よく分からない。

弟子丸『解釈』の現代語訳

　……あたかも虚空を学ぶ如く、何ものにも滞らない無礙自在の境地を学ぶべきである。（二〇一）

［沢木遺稿］には「虚空とは達磨が心牆壁の如しと云える、それ也。」、「信心銘に曰く円《まどか》［なること］同大虚、無欠無余……コレ虚空也。空とはオシガラヌ、ホシガラヌ第一線。宏智禅師曰く、不対縁而照、不触事而知。遍界不曾蔵コソ学般若ノ人デアル。……打つ者も打たるる者も諸共に、如露亦如電応作如是観」（二〇一―二〇一）

　虚空と般若は別体ではない、一体のもの。虚空は空っぽではない。仏知恵の充満を意味する。戒・定・慧・解脱・解脱知見が虚空であり、学般若とは、そうした講釈でなく、学虚空、虚空を学することだと強調されている。（二〇七）

　たくさんの論書を引いて論じた挙げ句、虚空を仏知恵の充満とした上で、そうした「講釈でなく、学虚空、虚空を学すること」というのは、自己矛盾である。

〔沢木遺稿〕は、弟子丸解釈に拘らず、それが坐禅の而今に現成していることを、実に的確に示している。達磨の「心牆壁の如し」も坐禅のさま、宏智の「不対縁而照、不触事而知」も坐禅のおける知・照のあり方、信心銘もまさに坐禅を言っている。坐禅にかぎらず、まさに良寛和尚がスイカ泥棒と間違えられて棒で打たれた時、発した「如露亦……」の詞こそ、心に何も思わぬまさに虚空であり、憎しみ、苦しみ、好き、嫌いを越えた学般若であると思われる。

弟子丸の解釈は、道元の本文の解釈ではなく、〔沢木遺稿〕に書かれてあることの参究をしている。例えば『信心銘』の「欠くることなく余ることなし」については、瑩山禅師の解釈を引用したのちに「沢木老師は『これを鼻でいうたら、屁の匂いも沈香の匂いも、欠くることなし、余ることなし。いずれが良いか、悪いか、これも限りがないのじゃ』」（二〇四）と引く。また『宝鏡三昧』の瑩山禅師の拈提や『証道歌』を論ずる。次々引用してもどう本文と関係するか分からない。また虚空について『釈摩訶衍論』（『大乗起信論』の注釈書）を引いて説明するが、ここでは適当ではないだろう。

内山『味わう』

生命の真実、生命の実物としては、やはり何か掴みたくても掴むものがない。これが虚空です。（六三）

まったく取引なし。相手なし。「虚空を学すべし」とはこれです。言いかえれば自己ぎりの自己、一切分の一切、そういう内部構造としての諸悪莫作、修善奉行です。（六八）

要は取引なし、相手なしで、ただやるという、生きる態度です。これを「虚空を学す」という。（七二）

例のように「生命の実物」をいうが、言葉として浮いてしまい、内実が不明である。『聞解』に倣って掴む相手がないことを虚空と解しているわけだが、経の本文は「虚空の如くに（般若を）学すべし」であり、「虚空を学す」とはいっていないし、道元はそれを「学般若が虚空」だというのである。道元のいう「学般若」つまり「般若を学す」とどうつながるのだろうか。

西嶋『提唱』

「当如虚空学」、このわれわれが住んでおる空間を勉強するのと同じように学んだらよろしい。（七七）

たった一人で足を組み手を組み、背骨を伸ばしてジーッとしておる。そのとき自分自身というものが感じられると同時に、それと同時に それを取り巻いてオール膨大な宇宙と言うものが感じられる。それが我々の人生の本源的な事実。……そのことをここでは、空間を学ぶと言う。虚空を学ぶ。空間と言うのは何か、言葉で説明することはむずかしい。机も、座ぶとんも、畳も、柱も、電車も、自動車も、全部ひっくるめたところが空間。そういうものの全体を学ぶことが坐禅のねらい、仏道修行のねらいということになるわけ。（八〇）

ここにおける「虚空」は「われわれの住んでおる空間」であろうか。〈おほよそ尽界には、容虚空の間隙なし〉《虚空》とも言われる。また、仏道修行とは、われわれを取り巻いているもの全体を学ぶことだろうか。「空間を学ぶ」ではないだろう。仏道は〈自己をならふなり〉ではなかったか。その自己は脱落して「私」がなくなり、虚空になるともいえる。

道元の著語である〈学般若これ虚空なり、虚空は学般若なり〉はどうしたのだろうか。まさか空間は般若を学ぶことである、とはいえまい。経の本文は「虚空の如く学ぶべし」であって、「虚空を学ぶ」とはいっていない。

門脇『身』

第一に誰が学ぶかであり、……『菩薩摩訶薩』とは菩薩の中でも偉大な人を指す。第二で問われていることは、普通の般若ではなく、『甚深般若』(甚だ深遠な般若)であり、しかも「波羅蜜多」が付け加えられているから、力動的《ダイナミック》な般若、つまり生死を解脱し衆生を涅槃に至らせる行的智慧である。(九六)

「虚空」とは『御抄』が註解するように、「法体を指す」、つまり仏法の本体を指す。(九七)

最深の般若波羅蜜多の行の現場では、菩薩と虚空と仏法(般若)とは一つである。(同)

学般若と虚空の親密一体の微妙な動性(**Beweglichkeit**)を明白に解明し、その動的な構造を白日のもとに露呈させるという、学問的省察と記述を成し遂げているのである。(同)

この解釈はいかにももったいぶって、菩薩は普通の菩薩ではない、「偉大な人」だといい、般若はふつうの般若ではない、力動的な般若であるといい、虚空とは法体を指す、という。しかし、「菩薩摩訶薩」の摩訶薩は「偉大な衆生」という意味で「大士」と訳され、釈迦の前生の意味での菩薩と区別するため、般若経典ではごく普通に「菩薩」の意味でつかわれる。「般若」と「甚深般若」が異なるものだというようなことはない。ただ般若に「甚深」という形容詞をつけただけである。まして『御抄』の「虚空は法体である」という註解が、正しくて、そのまま用いられるべきもの、ではない。

加えて、いったい道元の叙述に「学問的省察」などというものはありようがない。現代において「学問的」とは客観的、論理的であり、検証可能なものであろう。道元の言葉は悪く言えば独断的であるが、詩的であって、論理になりえないそれを、どう言表するかという格闘の産物であろう。

酒井『真実』

この「如何が学すべし」というところに、非常な重みがあるんですよ。本当は。見当つかないから彼は「如何が学すべし」と言った。永久にこれは「如何が学すべし」というのが本当の「甚深般若波羅蜜多」の学び方なんです。本当にそうですよ。というのは、甚深般若波羅蜜多には目標がありませんから。目標を立てちゃいけないんだ。……虚空ということは、とりとめのないということですね。つかもうにもつかむことができない。目標立てるにも目標の立てようがない。手がかりを求めようにも手がかりがない、これですよ。これが答えなんです。（一〇九—一一〇）

我々の坐禅というものがこれなんだ。「虚空の如く学すべし」。虚空の如く学すべしというのは、実は私たちの般若波羅蜜の正体がこれなんです。般若波羅蜜というのは、我々がこういうように生かされている真実のことを般若波羅蜜と言ったんだ。この般若波羅蜜は手応えがない。我々の日常生活というものは、手応えばっかりでやっているんじゃないか。「あれをつかんだ」「これをつかんだ」と、本当はつかんではおりません。（一一〇）

「如何が学すべし」の解釈はいわゆる「問処の道得」であるが、内容的には多分このようなことであろう。「虚空の如く学すべし」に対する「手がかりがない」というのも、そうであろう。最後の般若波羅蜜については〈虚空は学般若なり〉が十分に解釈されておらず、「こういうように生かされている真実」と普遍的状態のようにいわれるが、そうではなかろう。

森本『読解』は天帝釈、具寿、善現、憍尸迦の説明をして、虚空の如く学すべしという善現の答えを「まさに『解空第一』と称されるにふさわしいといえるだろう」（七五）というだけである。

竹村『講義』は経典の言葉の意味を次のように解釈する。

菩薩という偉大なる人と考えればよいと思います。要するに我々一人一人が大乗仏教徒……どんな人でも大乗仏教徒の人は菩薩です。（二五〇）

いったい虚空のように学ぶって、どういうことなのでしょうか。それは、何ものにもとらわれずに、ということだと思いますけれども。（二五一）

説一切有部の無為法としての虚空（七十五法の一つ＝筆者）というのは、諸法が縁起することができる、それが可能になる場所のことなのです。……空間といっても物理的な空間ではない。そういう場となる世界を虚空というらしいのです。しかし、この『大般若経』の虚空はおそらくそれでもないでしょう。何ものにもとらわれないというか、対象的に何かつかまえるものは何もない世界というか、おそらくそういうことだろうと思います。（同）

次いで『宝慶記』による如浄の偈の解釈があるが、詳しいことは後の偈の解釈に回そう。ただ『宝慶記』での如浄への道元の質問「いわゆる虚空とは虚空色をいうべけんや」に対してこう言っている。

よく地水火風空というようなことをいいます。……地水火風空のその空は、物質的な世界を構成する要素としての、物理的な空間ということになるわけです。（二五三）

道元禅師は虚空のように学ぶべしというのを、何かにとらわれないでとかそういうようなことではなくて、般若波羅蜜多をそのままに修行することと説明されたわけです。（二五五）

『宝慶記』に、如浄禅師が般若は虚空だということを言っていらっしゃる、それがどこかで道元禅師にずっと響いている。（二五六）

「菩薩摩訶薩」の意味はその通りであろう。有部の虚空とは違う『大般若経』の虚空の意味を考え、それとも異なる道元の「虚空」を『宝慶記』の風鈴頌によって考察するのは、理に適っていよう。竹村は学般若を「般若波羅蜜多をそのままに修行する」といっているのに、現代語訳では「般若波羅蜜多を学ぼうと思うならば……虚空のように学ぶべきだと言います」（二五〇）と「学ぶ」としていて、徹底していない。

頼住「一考察」

ここで「虚空」と言われているのは、『大般若経』の主題となっている「空」であると捉えることができよう。つまり、「般若」を学ぶとは、対象としての般若を客観的、分析的に認識するということではないのだ。「空」を学ぶとは、自己もまたそこに基づいているところの根源的無分節としての「空―縁起」を自覚することなのである。（三五）

一点、付言しておきたいのは、この部分に対する道元の解釈が前の部分に比べ量的に大幅に少なくなっており、ほとんど一言添えただけと言う程度にとどまっていることだ。道元としては、「般若」に関連しては、「無の施設」つまり、無分節から具体物の分節が立ち現れてくることに力点を置いて解釈しているので、「無の施設」の反面である「無分節」への帰還については、「無の施設」ほどには強調していないのである。（同）

すでに竹村『講義』が指摘しているように、「虚空」でさえ『大般若経』を乗り越えて解釈している道元にとって、すでに何度も述べたように「空―般若」という解釈はふさわしくない。頼住の自説だけが一人歩きしている。

【私釈】

この経文は、前の著不著相品の続きであり、最初の「爾時」が省かれているだけで経文通りである。ところが、場面の設定はがらりと変わって、釈迦仏と一比丘ではなく、帝釈天（憍尸迦）の質問に釈迦の弟子である善見（須菩提）が答える、ということになる。

経文の意味は、帝釈天が善見大徳に「もし菩薩大士が深い彼岸に至る智慧を修行しようとしたら、どのように修行したらいいのか」と問い、善見が「まさに虚空のように修行するがいい」と答えているわけである。

ここでほぼ全ての解釈は、じっさいには「修行」と解釈しているのに、「学す」を「まなぶ」と訳している。

ここが先ず問題である。禅宗では「学」は、修行がまず第一の意味であろう。けっして般若経などを学習するわけではない。

「まさに虚空のように修行するがいい」という答えが意味するものを探る前に、道元が〈学般若これ虚空なり〉というその意味を考えてみたい。

「虚空」はこのすぐ後の如浄の風鈴の頌に「渾身口を以て虚空にかかり」とある「虚空」と関係があろう。それゆえ『大般若経』で「虚空」が出てくる所が引用されたのであり、引き続き引用される次の節の部分でも、最後に「守護虚空」が出てくる。その「虚空」を道元は「学般若」であるという。

すでに門脇の第一章やこの章の竹村でも指摘されたように、『宝慶記』三三に、次のような般若と虚空の関係を風鈴の頌との関連で説いている箇所がある。

> 道元、咨目（教えを請う＝筆者）し百拝して白さく、適《さき》に和尚の風鈴頌を承るに、末上の句に云く、渾身口に似て虚空に掛ると。落句に云く、一等他がために般若を談ずと。いわゆる虚空とは、虚空色をいうべけんや。疑者《うたがうもの》は必定して虚空色なりと謂《い》わん。近代の学者、未だ仏法を暁《あきら》めず、青天を認めて虚空となす。まことに憐憫すべきなり。堂頭和尚、慈誨して云く、虚空というは般若なり、虚空色の虚空にはあらず、虚空というは有礙にもあらず無礙にもあらざるなり。所以に単空の空にてもあらず、偏真の真にてもあらず。諸方の長老は、色法すら未だ明らめず。況んや、能く空を暁めんや。我が箇裏の大宋の仏法の衰微や言うべからざるなり。

ここで虚空色というのは、形あるものとしての虚空、すなわち青空等のことをいう。それに対して如浄は色法と対になるような「空」法の空だとはいわない。「虚空というは般若なり」と明言するのである。もちろん一般論としていうのではなく、この偈における「虚空」をいう。如浄にとっては、偈における「虚空」は色法の虚空に対して般若経のいう「空」を言っており、その限りで虚空というのは、青空の空ではなく般若経典に説く「空」であり、それは般若である、ということになろう。

ところで「虚空」ということを、いわゆる「禅宗」で最初に問題にしたのはおそらく慧忠国師である。『祖堂集』に次のようにいう。

粛宗帝の問訊する次、師は帝を視ず。帝曰く、朕の身は一国の天子なるに、師は何ぞ殊に些子《さし》も朕を視るなきを得たる。師云く、皇帝、目前の虚空を見るや。帝曰く、見る。師曰く、還《は》た曾て眼を貶《おとしめ》て陛下に向いしや。（五九ａ）

ここで、虚空を見るといわれるのは虚空色であろう。しかし、慧忠はそれを内面の在り方として、虚空が帝に対してなんら謙遜の態度をとらないように、「私は、虚空ですから、陛下にも拘泥せず、意にとめません、眼を貶《おとしめ》ることもしません」と答える。ここで「虚空」とは、自己を脱落した慧忠自身にほかならない。「虚空」については、道元にこの如浄の偈をその中で説いた《虚空》があるのだから、それを見ないわけにはいくまい。

そこでは最初に石鞏と西堂の問答がある。

撫州石鞏慧蔵禅師、問西堂智蔵禅師、汝還解捉得虚空麼。西堂曰、解捉得。師云、你作麼生捉。西堂以手撮虚空。師云、你不解捉虚空。西堂曰、師兄作麼生捉。師把西堂鼻孔曳。西堂作忍痛聲曰、太殺人曳人鼻孔直得脱去。師云、直須恁地把捉始得。（撫州石鞏慧蔵禅師、西堂智蔵禅師に問う。「汝、還た虚空を捉得することを解すや」、西堂曰く、「捉得せんことを解す」。師云く、「你、作麼生か捉す」、西堂、手を以て虚空を撮す。師云く、「你、虚空を捉せんことを解せず」。西堂、曰く、師兄、「作麼生か捉する」、師、西堂の鼻孔を把りて曳く。西堂、忍痛の聲を作して曰く、「太殺人、人の鼻孔を曳くに直に脱去することを得ん。」師云く、「直に須く恁地に把捉することを得て始て得たり。」）

ここでも虚空は、空間などではなく、自己そのものである。西堂が鼻を引っ張られて「もげそうだ」と叫んだのに対して、石鞏は「このようにしてはじめて虚空を捉えることができるのだ」と言った。だが道元は著語して「石鞏は虚空をとれり。西堂は虚空を覰見せず。大仏（道元＝筆者）まさに石鞏に為道すべし、いはゆるそのかみ西堂の鼻孔をとる、捉虚空なるべくば、みづから石鞏の鼻孔をとるべし」という。石鞏の対応を評価するが、それにとどまらず、石鞏が虚空を捉えようとしたら自分の鼻孔をとったらいいというのである。これも徹底的に「虚空」は自己のことであることを明らかにしている。

同じような「空」の問答が『祖堂集』黄檗章に色即是空をめぐる問答としてある。

師行脚時。到塩官。塩官有一日云。色即是空。空即是色。色義不成。師出来問。承和尚有言。色即是空。空義不成。空即是色。色義不成。豈不是和尚與麼道。塩官云。是也。師敲禅床云。這箇是色。阿那箇是空。塩官不対。（師〔黄檗＝筆者〕行脚の時、塩官に到る。塩官、ある一日云く、色即是空ならば空の義成らず。空即是色ならば色の義成らず。師、出来して問う。承るに和尚に言あり。色即是空ならば空の義成らず。空即是色ならば色の義成らず。豈に是れ和尚、與麼に道いしや。塩官云く。是也。師、禅床を敲きて云く、這箇は是れ色なり。阿那箇か是れ空。塩官不対。三一一b）

これは禅床という物体（色）以外に「空」はない、ということである。無理に論理的にいえば、「この禅床」といっている間に、時間がたち、もはや厳密な意味では「この」と指示された禅床はない。禅床も万物も無常であり、刻々変化していて実体はなにもない、空なのである、ともいいえようが、禅師たちはけっしてそのような理窟は説かない。じっさいに禅床を敲いて「これは色だが空はどこだ」というのである。石鞏が西堂の鼻を曳いて「これが虚空を取ることだ」というのと同様である。具体的な自己のありようとして元来は「虚空」なのである。道元はこの巻で如浄の「渾身似口掛虚空」に対して、〈あきらかにしりぬ、虚空の渾身は虚空にかかれり〉《虚空》という。「虚空の渾身」とは打坐している自己であり、それはまた虚空である万法に坐しているのでもある。

学般若、すなわち般若を修行するとは、このような渾身の虚空となることにほかならない。だから〈虚空は学般若なり〉である。《虚空》巻を踏まえれば、坐禅においては自己が虚空であり、虚空は般若であるから、般若を修行することである。そのことは後に風鈴頌でも明らかにされよう。

三節　守護般若

天帝釈復白仏言、世尊、若善男子善女人等、於此所説甚深般若波羅蜜多、受持読誦、如理思惟、為他演説、我当云何而為守護。唯願世尊垂哀示教。

爾時具寿善現、謂天帝釈言、憍尸迦、汝見有法可守護不。天帝釈言、不也。大徳、我不見有法是可守護。

善現言、憍尸迦、若善男子善女人等、作如是説、甚深般若波羅蜜多、即為守護。若善男子善女人等、作如所説、甚深般若波羅蜜多、常不遠離。当知、一切人非人等、伺求其便、欲為損害、終不能得。

憍尸迦、若欲守護、作如所説、甚深般若波羅蜜多、諸菩薩者、無異為欲守護虚空。

（天帝釈、復た仏に白《もう》して言《もう》さく、「世尊、若し善男子・善女人等、此の所説の甚深般若波羅蜜多に於て、受持読誦し、如理思惟し、他の為に演説せんに、我れ当に云《い》何《か》にしてか守護することを為すべき。唯だ願わくば世尊、哀を垂れて示教したまえ。」

爾《そ》の時、具寿《ぐじゅ》善現、天帝釈に謂《い》って言く、「憍尸迦、汝、法の守護すべきあるを見るや。」天帝釈言く、「いな也。大徳、我は法の是れ守護すべきあるを見ず。」

善現言く、「憍尸迦、若し善男子・善女人等、是《かく》の如くの説を作さば、甚深般若波羅蜜多、即ち守護為《た》り。若し善男子善女人等、説く所の如く作《な》さば、甚深般若波羅蜜多は常に遠離せず。当に知るべし、一切人非人等、其の便を伺求し、損害を為さんとせんに、終に得ること能わじ。憍尸迦、若し守護せんと欲《おも》わば、所説の如く作すべし。甚深般若波羅蜜多と、諸の菩薩とは、虚空を守護せんと為欲《おも》うに異なることなし。」）

しるべし、受持・読誦・如理思惟、すなはち守護般若なり。欲守護は、受持・読誦等なり。

【注釈】

○**天帝釈、復白仏言**……　出典　（大般若経第二百九十一巻著不著相品 T6,p.480c）大正蔵との間に「作」と「住」の異がある。なお、この「住」と「作」に関しては小栗「道元禅師による『大般若経』の更改引用について」がある。要をいえば、これは本文の文字の間違いではなく、道元による更改で、理由は「作如是説」は『大般若経』で五十七カ所あるのに対して、「住如所説」はこの三カ所と若干の注釈引用しか見られないから、より一般的な「作如」に道元が変えたという。なお、ここの読み下しは問題があるのでテキスト通りには読まない。

○**守護**　大乗では経典や仏法を守護・受持・読誦・解説することの功徳がしばしば説かれる。道元が「欲守護は、受持・読誦」というのに似た表現は、例えば『法華経』では「是故智者応当一心自書、若使人書。受持読誦、正憶念如説修行。世尊。我今以神通力故守護是経（是の故に智者は応当《まさ》に一心に自ら書き、若しくは人をして書かしめ、受持・読誦し、正しく憶念して説の如く修行せしむ。世尊、我は今、神通力を以て故に是の経を守護す。T9,p.61c）」と説かれる。『華厳経』には「我当悉取舍利而起塔廟……教化衆生。受持守護讃歎正法。（我れ当に舍利を悉く取り塔廟を起こし……衆生を教化し、正法を受持・守護・讃歎す。T9,p.646a）」と説かれる。

○便　名詞では、たより、すなわち都合のよい機会、有利な時期、おり。

【現代語訳】

天帝釈がまた仏に申し上げて言った、「世尊よ、もし良家の男女が、この説かれた非常に深い覚りに至る智慧において、（それを）受持し読誦して、その道理のように思惟し、他の人の為に説き述べるならば、わたしは（その法を）いったいどのように守護したらよいでしょうか。どうか世尊よ、哀んでお示しください」。その時、尊者善現（スブーティ）は（仏に代わって）、天帝釈に言った、「憍尸迦よ、お前は法として守護しなければならないものがあると思うか」。天帝釈は言った、「いいえ、ちがいます。大徳よ、わたしは法として守護すべきものがあるとは思いません」。善現（スブーティ）は言った、「憍尸迦よ、もし良家の男女が、（菩薩が）その非常に深い覚りに至る智慧を説かれたように作すならば、それが即ち守護なのです。もし良家の男女が、（菩薩が）その非常に深い覚りに至る智慧を説かれたように作すならば、常に（その法はこの人たちから）遠く離れません。まさに知りなさい、一切の人や非人等が、その折を伺い求めて、（法）に損害を与えようと思っても、結局、そうすることができない。憍尸迦よ、もし守護しようと思うならば、説かれたように作しなさい。非常に深い覚りに至る智慧と諸菩薩とは、虚空を守護しようとすることと異ったものではない。」

しるがよい、（般若経典を）受持し、読誦し、理の通りに思惟することが、ほかならぬ般若を守護することである。守護しようと思うことは、受持し、読誦することなどである。

【諸釈の検討】

この箇所は、道元が経典通りの「住」ではなく「作」としている。諸釈で道元の「作」に注意するものは、古釈の『渉典録』が経典を「住如所説」と引いて訓《よ》みを「住すること、所説の如くならば」（一七七）としている。『参註』はそれに次のように言及する。

第一作如所説、七十五帖、作作如所説、渉典録作住如所説、始終皆爾、（第一に作如所説、七十五帖には、「作如所説」と作す、渉典録には「住如所説」に作る、始終、皆な爾り）（一七四）

『私記』も経との相違をいう（一六四）。大正蔵の底本である高麗本も『渉典録』の著者面山が見た常陸国の東昌寺の『大蔵経』でも「住如所説」とあるなら、小栗のいう通りであろう。「住」であれば状態を指し、「作」であれば行為を指そう。

またテキストの訓みは種々ある。ことに後半「……作如是説甚深般若波羅蜜多、即為守護。若善男子善女人等、作如所説甚深般若波羅蜜多、常不遠離。当知、一切人非人、伺求其便、欲為損害、終不能得。憍尸迦、若欲守護、作如所説、甚深般若波羅蜜多、諸菩薩者、無異為欲守護虚空。甚深般若波羅蜜多、諸菩薩者、無異為欲守護虚空」の読みが、諸訳でばらばらである。

一、「作《な》さんこと、是の説の如くならば甚深般若波羅蜜多、即ち為《これ》守護なり。若善男子善女人等、作さんこと所説の如くなれば、甚深般若波羅蜜多、常に遠離せず。……憍尸迦、若し守護せんと欲せば、作さんこと所説の如くせよ、甚深般若波羅蜜多と諸菩薩なる者と、虚空を守護せんと為欲《おも》うに異なることなし。」（『註解全書』）。

テキスト（春秋社「全集一」）は、「是の如くの説を作さば、……所説の如く作さば……所説の如く作すべし」というところが異なるほかは、ほぼ同じである。弟子丸『解釈』、門脇『身』、［増谷訳］、森本『読解』もテキストにほぼ同じ。）

二、「是の如くの説を作さば、甚深般若波羅蜜多、即《これ》守護す為《べし》。若善男子善女人等、所説の如く作さば、甚深般若波羅蜜多、常に遠離せず。……憍尸迦、若し守護せんと欲はば、所説の如く作すべし。甚深般若波羅蜜多と、諸菩薩とは、異なること無し。欲守護虚空と為す。」（『文庫』・訓読、六七、［水野訳］、竹村『講義』もほぼ同じ。）

三、「是の如き説を作さば、甚深般若波羅蜜多、即ち《すなわ》為《これ》守護なり。……所説の如く作さば甚深般若波羅蜜多、常に遠離せず。……若し守護せんと欲《おも》わば、所説の如く作すべし。甚深般若波羅蜜多と、諸菩薩とは、為《に》れ虚空を守護せんと欲するに異なることなし。」（酒井『真実』、内山『味わう』も「若し守護せんと欲せば、作さんこと所説の如く」とするほかはほぼ同じ。）

では諸釈を見ていきたい。

『御聴書抄』

打任て（普通一般に）は、かかる甚深の般若はら蜜を受持読誦するゆへに、恐れて為損害不得［損害を為すこと、得ざる］と、心得つべし。実［には］さる一分もなかるべきにあらず、但是は人与法［人と法と］猶格別［なり］、仏法と云がたし。只全般若なる故、人非人も、伺求も欲損害も、皆般若なる道理か。（一六四）

なんでも「般若」という例の論法である。

『私記』

如所説は我不見法是可守護［如所説は、われ、法として是れ守護すべきを見ず］。受持読誦、如理思惟、若欲守護、みな般若なり。（一六四）

最初の所は、一つのありうる解釈であるが、「如所説」の主語は、「若善男子善女人等」であり、「われ、法として是れ守護すべきを見ず」の「われ」は憍尸迦であるから無理である。その余は『御聴書抄』と同じく、みな「般若」という解釈。道元は「守護般若」という。

弟子丸『解釈』

弟子丸は、「作」と「住」に関して、『啓迪』（西有）では「いづれでもよいが、住如というがはっきりするようじゃ」と書いており、岸沢惟安も「この作は住がよい。是の字はやはり所だ。間違いだ」という、と指摘する（二二四）。それで自分の現代語訳では「作」を採り、最初は「仏陀の所説が、よく理解できたら」と理解にとり、中は「そのとおり行動すれば」とこれは行為と取り、最後も「仏陀の所説の通り行動したまえ」（二二四）とこれも行為と取る。だが、「作如是説」を「理解する」と解釈し、「作如所説」を「行動する」ととることはできまい。

いっぽう解釈の段では、「読み方」として「是説の如くなさば」つまり「作」とし、「意読」として「所説の般若波羅蜜多に住せば」（二二四）という奇妙なことをしている。中の文も同じで「読み方＝……所説のごとくなさば、……意読＝……所説の般若波羅蜜多に住せば」とあり、後の文も「読み方」として「所説ノ如クナスベシ」とし、「意読」として「もし所説の甚深般若波羅蜜多に住する諸の菩薩を守護せんと欲せば」（二二八）とする。「意読」というのも一般的ではないが、それぞれで異なる本文を用いることはできない。

さて、弟子丸は、ここの解釈に、前に言及された「施設可得」を持ち込んでこういう。

禅師はこの段では前述した施設可得の表面的功徳、すなわち従来行われている施設可得の現象にあらわれた形式的な守護般若だけではなく、須菩提と同じに「施設可得ありと雖も、諸法の生滅なし」の空の般若を強調しようとしておられるからである。可得的現象の「色即色」といった受持読誦や如理思惟も勿論一面の真理である。しかしまた本来の「空即空」の次元における守護般若についても知っておかねばならないと、この段で角度をかえて示されているのである。（二二三―二二四）

この「施設可得の現象にあらわれた形式的な守護般若」を持ち出すために、現代語訳において次のように般若を「もの」のように読み込む。

いったいどのように、その般若を守護し、処理（取り扱う）したらよいのでしょうか。……いったい般若空というものが、自分の手もとに守護できるものか、できないものか考えてみるがよい。（二二三）

般若ハラミツそれ自体が、常に自分たちから遠くへ離れたりすることはなくなって、いつも手もとにあって、逆に自分たちを守護してくれるのだ。（二二四）

いっぽう、守護の目的語を法（般若空）とした場合は「自分はその法を自分で守護したり、所有したりする何ものも見いだすことはできません」（二二四）と現代語訳する。

この般若の二面は次のように言われる。

不生不滅が本来の実体であって、施設可得は現象である。勿論、現象のほかには実在はない。（二二二）

そこで、この二面をつかって道元の著語〈しるべし、受持・読誦・如理思惟、すなはち守護般若なり〉がこう解釈される。

教えの如くよく参究工夫、観察して、自他ともに無生の知見をひらくことこそ、真の般若の守護であるはずだ。（二三〇）

般若の二面という独自の解釈をすることによって、施設可得の般若（教え）を対象的に工夫し観察して、無生の知見（般若）を得るのが般若の守護だという。道元がまったく言及していない「無生の知見をひらく」を導入して、「無生の知見をひらくことこそ、真の般若の守護」（二三〇）と結論づける。これはまったく妥当でない。前に引用したことをここで考慮しなければ、このような解釈はできないが、今は前との関連は切れているのであるから、これも妥当ではあるまい。

また「住」が「作」と換えられたからといって、「作」を、いかにも色法を扱うような「処理（取り扱う）」「手元に守護できる」などと訳すのもふさわしくなかろう。

また「受持・読誦ともに不可得なるが故に」（二三二）というが、本文にはまったくいわれていない。むしろ後の道元の著語をみれば、「受持・読誦」の大切さがいわれているのだろう。またせっかく「『欲守護は、受持・読誦等なり』について、遺稿には『般若ノ読誦ハ一二三四五、又、不能言語ノ読誦也』と註してある。」と沢木老師の言葉を引用しても、「一二三四五」や「不能言語の読誦」とかには、深い意味があるのに「それは単なる空念仏や、お経読みをいうのではないというのである。」と解釈を付けているから、それでは、「般若ノ読誦」が真実心をこめた念仏や経の読誦ということになる。ただ、「守護般若」「礼拝般若」を説いた文として、『大般若経』の「大明品」、「尊導品」「遺異品」「勧持品」の文を何カ所も引いているのは、道元の趣旨からいって、よい注釈であろう。

内山『味わう』

かくの如くの説とは、不可得、無所得ということです。まったく掴みようがない。その掴む相手がない、そのどうにも守りようがないということが、ほんとうに守るということだという。（七四）

かくの如くの所説とは、いま述べてきた不可得、無所得、取引なし、相手なしということ。そういう説をなす―そういう生き方をするところでは、般若波羅蜜は受持できる。（七五）

そうした一切の人非人が伺求して損害を与えようと思っても、相手が不可得無所得では伺求しようがない。（同）

守護をするにも何か相手があって守ろうとするのではいけない。まったく相手なしに、自己の姿勢を守るということでなければならない。（七六）

「かくの如くの説を作す」の「かくのごとく」は、本文では自明ではない。そこで内山は、先の「虚空」の解釈である「不可得、無所得、取引なし」を当てはめるが、文脈が離れすぎて無理だろう。また「そういう説をなす―そういう生き方をするところでは、般若は受持できる」というが、「説をなす」と「生き方をする」ではだいぶ異なるし、〈常に遠離せず〉を「般若は受持できる」というのは、妥当だろうか。善男善女が受持・読誦・如理思惟する時に、法（般若）をどう守護できるか、と天帝釈は問うているのである。また「伺求して損害を与えよう」とする対象は、法（不可得無所得）であると解釈されているのに、それは〈虚空〉ではなく、自己の姿勢に横滑りしている。それは本文の読みが「甚深般若波羅蜜多と諸菩薩は、虚空を守護せんとするに異なることなし」（七六）となっているので、般若と諸菩薩が守護の対象のように読めるからだろう。その結果、道元が自らの道得として挙げる〈受持・読誦・如理思惟、すなわち守護般若なり、……〉が、弟子丸『解釈』と同様に、まったく見過ごされている。

西嶋『提唱』は〈汝見有法可守護不（汝、法の守護すべきあるを見るや）〉に対してこういう。

法というのは、このわれわれの住んでおる実在の世界。実在の世界というもの、それを規律しておる規律というものを見ることができるかどうか。……法というのは、われわれが住んでおる宇宙そのものであるけれども、その中の秩序と言うものが見れるかと言うと、それは目で見ることができない。（八一）

「法」に対して実在の世界と規律という二つのものをかけている。なぜかというと「実在の世界」では〈守護すべき有るを見る〉、すなわち見ることができるものとなってしまうから、「規律」という見えないものを加えて、まあ、ごまかしているわけである。「法」は、「般若波羅蜜」であり、虚空であるのだから、それを「実在の世界、われわれが住んでおる宇宙そのもの」というのは、あまりに違いすぎる。この世界は実在ではない、無常であり、空であるほかない。

法を「実在の世界」と「規律」とに二重に読んだ曖昧さは「『即チコレ守護ナリ』、般若の守護に熱心な善男子・善女人を守ることになる」（八一）という解釈にも窺える。般若を守護する者を善男子・善女人とし、また、この善男子・善女人を守る（守護する）ものと、「守護」を二重に読んでいる。本文では守護する者は憍尸迦であり、守護されるものは法であるが、読みようによっては、善男子・善女人と受け取るのも不可能ではあるまいが、善現の答えからいって取れまい。

また西嶋は、引用された道元の本文に依らないで、大般若経の「住如所説甚深般若波羅蜜多即為守護」（八一、二）としてその解釈をしているが、本文を読まないのは、不適切である。西嶋は坐禅をよく説くのだが、「経典を読むということは、別の言葉でいえば、坐禅をすることも含まれておる。」（八三）とは言い過ぎであろう。

門脇『身』

このような説をなすならば、甚深般若波羅蜜多が守護である。このようにするならば、甚深般若波羅蜜多は常に遠く離れず、その中に住することができる。（九八）

また経文を要約して次のようにいう。

①甚深般若波羅蜜多（三昧）に達した後に経を受持し、読誦し、理の如く思惟し、説法をなすとき、つまり甚深般若波羅蜜多から受持、読誦などの行動に出たとき、どのように三昧の境地を守護したらよいか。これが主要なテーマである。②法は空であるから、守護すべきものはない。③守護すべき法がないのだから、甚深般若波羅蜜多そのものが守護である。④だから、受持・読誦などの行動に出ても甚深般若波羅蜜多に留まることができる。⑤このように省察してくると甚深般若波羅蜜多と菩薩とは虚空を守護せんと欲することと相違することはないことが明らかになった。……道元はさらに一歩を進める。受持読誦如理思惟するという行為それ自体が守護般若という動性そのものであり、両者は一つである。（九八）

門脇の①は、甚深般若波羅蜜多において、（それを）「読誦し、理の如く思惟し、説法をなすとき」とすべきであって、「甚深般若波羅蜜多（三昧）に達した後に経を」と、前後に分けて取ることはできまい。これは門脇が般若波羅蜜を到達できる特別な三昧だと前提しているからであり、それは道元の本文には説かれていない。先に指摘したように菩薩摩訶薩（菩薩大士で菩薩と同義語）を「菩薩の中でも偉大な人」として　甚深般若を「普通の般若ではな」い、としたような特別視があるからではなかろうか。また守護するものを「三昧の境地」としているのは、「般若波羅蜜＝三昧の境地」と解釈するからである。さらに「甚深般若波羅蜜多が守護である」という読み③は、法は空であるという前提によったものと思われるが、⑤の読みは【私釈】で後述するように無理であろう。ただ門脇が諸釈の中ではじめて〈受持読誦如理思惟すなはち守護般若なり……〉を字義通り受け取って

「受持読誦如理思惟するという行為」と「守護般若」が「両者は一つである」というのは正しかろう。

酒井『真実』

つまりこの場合の守護というのは般若波羅蜜多を守護しようと思う。（一二三）

般若波羅蜜多というのは実体がないものね。保護しようがないでしょう。……相手がない。保護する相手がございません。（一二四）

つまり我々で言うならば、ひたすら坐禅をする。無所得無所悟で坐禅をする。これが般若波羅蜜多を守護することになるぞと。（一二五）

所説の如く作さば、というのは、守るものがない、……その守る相手のない守護だ。（同）

守護する対象が般若波羅蜜多であり、それは実体がないから守護しようがない、という説であり、あり得ない解釈ではない。また帝釈天の立場を、我々の立場とするのは提唱としてはいいが、坐禅にまで拡げるのはここの解釈としてはどうであろうか。

森本『読解』

ところで、須菩提の答えた結論は、やはり甚深般若波羅蜜多も諸菩薩も虚空を守護しようとすることに異なることはないという点に注目すべきである。これは一見したところ、さきに「無の施設、かくのごとく可得なり」と述べられていたのに反するように見えないこともないけれども、実は表裏一体なのであって、「有」の側面を指す様相を示す「施設」の受容、いわば言語なり論理なりといったものの活用が、「無」の施設の側面を指す様相を示す「虚空」そのものにほかならないということを確認するために、「解空第一」と称される須菩提の代弁が活用されているのだ。このような表裏一体の事情

を総括的に説いているのが、道元の簡潔な一行の文章にほかならない。（七七）

「施設可得」と、それと対になる「虚空」を持ち出し、それが一体であるとするところは、弟子丸『解釈』と似ている。しかし、ここは「施設可得」とは切りはなされており、「守護」が主題である。道元の著語にこそ焦点を当てて解釈すべきであり、ここは有無表裏一体とは関係がない。

竹村『講義』

在家のよき仏教者を自分はどうやって護ろうか、神として、どうやって護ろうか、こういう質問です。（二五九）

要は善男子善女人を含め、あるいは他の一切を含めて、護るべきものなどというものがあるだろうか。（同）

すべては空で、本性は空で、不生不滅で、これというものは何一つないです。（二六〇）

「かのごとくの説」というのは「護るべきものがない」ということでしょう。（二六一）

「甚深般若波羅蜜多、即《これ》守護すべし」という。この句のよみですが、まずは守護すべしの目的語として「甚深般若波羅蜜多」を考えるのが妥当かなと思います。……しかし、文法的にふつうに考えれば、この甚深般若波羅蜜多を、護るの目的語と取るよりは、やはり、主語として受けとめるほうがふつうの感覚ではないかとも思われます。……甚深なる般若波羅蜜多こそが、護るべきものは何もないということを洞察し、分かっているその人々を、護っていくということになるのだ、というような意味になるでしょう。（二六二）

〈……善女人等、所説の如くなさば〉の「所説」について、こういわれる。

一切が空であって何ものにも執着してはならない、それがもう『般若経』の核心です。（二六三）

護るべきものがないというところに立つということは、自分自身が主体そのものに立ちつくすという、そのときむしろ守護するということが実現するのだということなのです。このような理解には、禅的な、論理の若干の飛躍を感じるかもしれませんが、そういうことだと思うのです。（二六五）

「甚深般若波羅蜜多と諸菩薩とは異なること無し」。……受持・読誦するというはたらき、主体のはたらきそのものが般若波羅蜜多なのだという、そういう観点に立てば、般若波羅蜜多と諸菩薩とはまったく異なることがないわけです。（二六六）

……善女人を護ることは、般若波羅蜜多を護ること。それは虚空を護ることにほかならない。（二六七）

「しるべし、受持・読誦・如理思惟、すなはち守護般若なり」……あなたの主体のはたらきそのものの中に、般若の実践があるのですよということでしょう。（二七〇）

この解釈にも道元がここで言おうとした〈受持読誦如理思惟すなはち守護般若なり、欲守護は受持読誦等なり〉が、ほとんど抜け落ちている。まず憍尸迦の守護すべき目的語を「善男子善女人」と取ることは、問答全体からいって無理である。〈法の是れ守護すべき有るを見るや〉と「法」とはっきりいわれているのに、「善男子善女人を含め、あるいは他の一切」というのは誤りである。法、ここでは般若波羅蜜とといっても可であろうが、法が守護できるものかを問うているのである。

竹村は、どこにも書いていない「善男子善女人を護る」という先入見に基づいて、さらに般若こそが、「その人々を護っていく」というが、違うだろう。またこのことから憍尸迦が「不（いな）也。」と答えた理由は、「すべては空」という大乗一般論ではなく、法（般若）が虚空のようなものであって、守護するものはないということであるはずだ。「否也」は憍尸迦の答えであって、「護るべきものは何もないということを洞察し、分かっているその人々」の答えではない。

〈是の如くの説をなさば〉に対しては、竹村を含めた諸解釈のように読めば、どこにもその内容があきらかにされていないから、「護るべきものがないということでしょう」と推測になるほかない。このように「是の如くの説をなさば、甚深般若波羅蜜多、是守護すべし」と訓読した場合は、「甚深般若波羅蜜多」は主語としてしか取れない。

〈是の如くの説を作さば〉の内実は、道元が字を変えてまでいいたかったことと関わり、文脈上からも「於此所説甚深般若波羅蜜多、受持読誦、如理思惟、為他演説」であろう。「護るべきものがない」というのは善現に聞かれて帝釈天が説いたことである。また般若経の核心である空は、ここで道元が説きたいことではなかろう。また、主体の働きというような、能動的な働きが般若の実践とは思われない。

頼住「一考察」は、ここは、次のように説明されているという。

> 般若の教えを実践する人々は、般若そのものとなっているから、客体としては認識の対象にはならず、それ故に、守護の対象にもならないが、般若と一体になっている修行者は、あらゆる存在者と般若においては一致するのであるから、一体である相手を害することなどは不可能になる。それ故に、帝釈天がわざわざ守護する必要性はなくなる。そのことは般若を守護し、虚空を守護するということと同じである。(三七)

頼住によれば、あらゆる個物は無分節の空―縁起(般若)から立ち現れてくる。したがって、あらゆる個物は般若において一致するから、守護する対象にも害する対象にもならない、ということだ。しかし、空―縁起など道元は説いていない。この説では「般若を守護し、虚空を守護する」というのは、誰が守護するのだろうか。また「般若に対する主体的な態度、実践を問題にしている」(三七)というが、般若は実践の対象となるようなものではあるまい。

【私釈】

まず、経典引用の訓みを、原典の『大般若経』の前後を参照するなどして確定したい。

『大般若経』はこの部分では、次のように具寿善現によって、菩薩がどのように般若波羅蜜多を修行し、学するのか、を説いている。

諸菩薩摩訶薩修行般若波羅蜜多。修虚空都無所有。世尊。如虚空中。無色可施設。無受想行識可施設。所修般若波羅蜜多亦復如是。（諸菩薩摩訶薩、般若波羅蜜多を修行するは、虚空を修して都《すべて》所有無し。世尊。虚空中の如き、色の施設すべきもの無く、受想行識の施設すべきもの無し。修する所の般若波羅蜜多も亦復《また》、是《かく》の如し。）」（p.479b）

これは、「色」に続いて「受想行識」、六入・六境・六触・六界・六識・十二縁起・六波羅蜜・四諦・四静慮・四無量……が「施設すべきもの無し」と説かれる。

これに続くのがこの章の一節である。まず、挿入のような形で一苾芻の念《おもい》が語られる。

①爾時会中有一苾芻竊作是念。我応敬礼甚深般若波羅蜜多。……

そして、二節で再び菩薩が般若を学することへの問答に戻る。

②天帝釈具寿善現問言、大徳若菩薩摩訶薩欲学甚深般若波羅蜜多。当如何学。……

いまの三節は、これにすぐ続いている次の文である。

③天帝釈、復白仏言、世尊、若善男子・善女人等、於此所説甚深般若波羅蜜多、受持読誦、如理思惟、為他演説、我当云何而為守護、唯願世尊垂哀示教。爾時具寿善現、謂天帝釈言、憍尸迦、汝見有法可守護不。天帝釈言、不也。大徳、我不見有法是可守護。善現言、憍尸迦、若善男子・善女人等、作如是説甚深般若波羅蜜多、即為守護。若善男子善女人等、作如所説甚深般若波羅蜜多、常不遠離。当知、一切人非人、伺求其便、欲為損害、終不能得。憍尸迦、若欲守護、作如所説、甚深般若波羅蜜多、諸菩薩者、無異為欲守護虚空。（480c）

この帝釈天の質問も、菩薩による般若の修行・学をめぐる問答の中の挿入文のような形である。

この後、経典ではつぎのように憍尸迦による守護の話が一連のものとして続く。

④憍尸迦。若欲守護修行般若波羅蜜多諸菩薩者。唐設劬労都無所益。憍尸迦。於意云何。有能守護幻夢響像陽焔光影及変化事尋香城不。天帝釈言。不也大徳。善現言。憍尸迦。若欲守護修行般若波羅蜜多諸菩薩者。亦復如是。唐設劬 労都無所益。憍尸迦。於意云何。有能守護一切如来応正等覚及仏所作変化事不。天帝釈言。不也大徳。善現言。憍尸迦。若欲守護修行般若波羅蜜多諸菩薩者。亦復如是。唐設劬労都無所益。憍尸迦。於意云何。有能守護真如法界法性不虚妄性不変異性平等性離生性法定法住実際虚空界不思議界不。天帝釈言。不也大徳。善現言。憍尸迦。若欲守護修行般若波羅蜜多諸菩薩者。亦復如是。唐設劬労都無所益。（480c）

③の当該部分の訓みであるが、はじめの半分は、ほぼすべてが次のように同じ訓みを取り、問題はない。

「天帝釈、復た仏に白して言く、世尊、若し善男子・善女人等、此の所説の甚深般若波羅蜜多において、受持、読誦し、如理思惟し、他の為に演説せんに、我れ当に云何が守護すべきや。唯だ願わくば世尊、哀を垂れ示し教えたまえ。爾の時、具寿善現、天帝釈に謂って言く、憍尸迦、汝、法の守護すべきあるを見るや。天帝釈言く、いな也。大徳、我は法の是れ守護すべきあるを見ず。」

この後の訓みで一番問題なのは、最後の「若欲守護、作如所説、甚深般若波羅蜜多、諸菩薩者、無異為欲守護虚空」である。とりわけ「諸菩薩者」は、ほとんどの訳が取っている「甚深般若波羅蜜多と諸菩薩（と）は」とは読めない。「と」と読むための「与」などが「甚深般若波羅蜜多」の前にないからである。だが、どのように読むか、決めるのは難しい。

そこで大般若経六百巻の中で「諸菩薩者」という用例を調べてみると、意外なことにわずか二十箇所しかなく、それも重複が多いことが判明した。

道元の本文は第二百九十一巻の著不著相品の引用であるが、これとほぼ同じ内容がa第三百十一巻辦事品とb第三百五十一巻多問不二品、およびc第三百六十五巻巧便行品にあり、道元の引用した③と④著不著相品に「諸菩薩者」が五回、aからcまでのそれぞれに五回、三回、二回用いられ、これで十五回である。あと五つはそれぞれ一箇所に一つづつ言及されるが、三つはまったく同じ文「世尊所言諸菩薩者何法増語謂為菩薩世尊」（447a、763c、865c）、二つはほぼ同じ文「若能宣説甚深般若波羅蜜多。教授教誡諸菩薩者。当知、是為真浄善友」（820c、897b）なのである。これら後の五つは「諸菩薩は」、「諸菩薩とは」と訳せばたやすく理解できる。

では道元が引用する本文の後半の文は、この三種の同趣旨の文を参考にしていかに訓めるか。三種の文は次の通りである。

a善現告言。若善男子善女人等。如仏所説住、深般若波羅蜜多即為守護。若善男子善女人等。住深般若波羅蜜多常不遠離。憍尸迦。若欲守護住深般若波羅蜜多諸菩薩者。不異有人発勤精進守護虚空。（586a）

b若菩薩摩訶薩如深般若波羅蜜多所説而住即為守護。若離般若波羅蜜多人非人等。欲為損悩即得其便。憍尸迦。若欲守

護行深般若波羅蜜多諸菩薩者。不異有人発勤精進守護虚空。(803c)

c若諸菩薩如大般若波羅蜜多所説而行即為守護。若離般若波羅蜜多。人非人等皆得其便。憍尸迦。若欲守護行深般若波羅蜜多諸菩薩者。不異有人発勤精進守護虚空。(886b)

まず道元が引用した本文の「憍尸迦、若善男子・善女人等、作如是説、甚深般若波羅蜜多、即為守護」は、「もし」で始まる条件文であり、すでに直前で「法の是れ守護すべきあるを見ず」といわれているのであるから、憍尸迦（たとえ善男子・善女人等を主体としても）は、「深般若波羅蜜多、即《これ》守護すべし」（岩波文庫、竹村『講義』）や［石井訳］の「甚深般若波羅蜜多、即ち守護すべし」のように「すべし」と命令文に読むことはできない。また「為」を「これ」と読むことは、名前の例外のほかは無理である。「為」は動詞「為す」等か、助字「たり、や、か、ため、なる」だからである。また岩波文庫訳などのように「即」を「これ」と読むことも、無理である。ここは「即ち守護為《た》り」あるいは、「……と為《な》す」しか、ありえないだろう。

aでは「善現告言。若善男子善女人等。如仏所説住、深般若波羅蜜多即為守護」(586a)、bでは「若菩薩摩訶薩如深般若波羅蜜多所説而住即為守護」(803c)、cでは、「若し諸菩薩、大般若波羅蜜多の所説の如く行ずれば、即ち守護と為す（あるいは為り）」と読めて、ここは「般若波羅蜜多は守護である」という訓みにはならない。

道元の引用した本文は結論的にはこうなる。

「若し善男子・善女人等、是の説の如くに作さば、甚深般若波羅蜜多、即《すなわ》ち守護為《た》り。」

続く「若善男子善女人等、住如所説甚深般若波羅蜜多、常不遠離」は、aでは「若善男子善女人等、深般若波羅蜜多に住すれば、常に遠離せず」となって、何が遠離しないのかはっきりしない。

bは「若離般若波羅蜜多人非人等。欲為損悩即得其便（若し般若波羅蜜多を離るれば、人非人等、損悩せんと欲すれば、其の便りを得。803c)」といわれる。

ｃもほぼ同じく「若離般若波羅蜜多。人非人等皆得其便（若し般若波羅蜜多を離るれば、人非人等、皆なその便りを得。886b)」といわれている。

このことから、「(菩薩が）般若を離るれば（住しないなら)」となって、今問題にしている一文でも主語は「善男子善女人等」であるが、「甚深般若波羅蜜多は、常に遠離せず」と読める。

したがってここの訓みは「もし、善男子善女人等、所説の如く住すれば、甚深般若波羅蜜多は、常に遠離せず」あるいは「善女人等、所説の如き甚深般若波羅蜜多に住すれば、常に遠離せず」である。

「当知、一切人非人、伺求其便、欲為損害、終不能得」は、すべての訳が同じように「まさに知るべし、一切人非人、其の便を伺求して、損害を為さんとせんに、終に得ること能わじ」としており、異論はない。

では最後の「憍尸迦、若欲守護、住如所説、甚深般若波羅蜜多、諸菩薩者、無異為欲守護虚空」はどうであろうか。

どの読みもはじめの「憍尸迦、若欲守護、作（住）如所説」を、「憍尸迦、もし守護せんと欲せば、所説の如く作すべし（「作さんこと、所説の如くせよ＝註解全書」も同じ意味)」としている。しかし、この前では所説の如く作（住）する者は「善男子善女人等」（テキストとａ）か、「菩薩」（ｂｃ）であった。憍尸迦は守護する者であって、仏によって説かれたように住（作）したりする者ではない。しかも、守護するものは、ないのであるから、守護することはできず、したがって、この読みは取れない。

次の「甚深般若波羅蜜多、諸菩薩者、無異為欲守護虚空」は、すべての読みが「甚深般若波羅蜜多と諸菩薩なる者と」とした。すでに述べたように「―と―と（は)」とは読めない。また「為欲」に対する解釈の読み一（『註解全書』など）は「為欲《おも》う」とルビをふるがそのようには読めない。二（岩波文庫など）の「欲守護虚空と為す」は、そう読むことはできるが、その前の「甚深般若波羅蜜多と諸菩薩とは異なることなし」を含めて意味が通らない。「為」は「人為的にすること」を意味し、名詞として「しわざ、おこない」と訳せる。したがってここではこの訳を取る。

さて、問題の最後の句について諸類似本文は、「無異為欲守護虚空」とするものは一つもない。

aは、「若欲守護住深般若波羅蜜多諸菩薩者。不異有人発勤精進守護虚空」とあって、「もし深く般若波羅蜜多に住する諸菩薩を守護せんと欲うことは、人あって発勤精進して虚空を守護するに異ならず」としか読めない。上半分を「守護し、住せよ」とは読めないからである。また「者」は助字であろうが、一、もの、ところ、事柄、事物、人などを指していう、二、主格を表し「とは、というのは」と訳す、三、「理由は、とは」という理由を表すが、その他の用法もある。ここでは、二の「というのは」と訳したい。

bcは「若欲守護行深般若波羅蜜多諸菩薩者。不異有人発勤精進守護虚空」とあり、aとは「住深」が「行深」となっているだけで、他は同じである。

すると当該箇所は「憍尸迦よ、もし所説の如き甚深般若波羅蜜多に住する諸菩薩を守護せんと欲うというのは、虚空を守護せんと欲う為《しわざ》に異なることなし」となる。こうすると「〜とおもうことは、〜とおもうしわざに異ならず」で非常に筋の通る論理である。ちなみに当該箇所に続く④は「もし般若波羅蜜多を修行する菩薩を守護しようと欲《す》ること者《は》、唐《むな》しく設《もう》けて劬《く》労するも都て所益なし」で、続く三つの同様の文は、「欲ること者」と「唐しく設けて」の間に「亦復《ま》た是の如く」が挿入されている。

以上、この三節の全体の経文を、改めて訓み下せば次のようになる。

天帝釈、復た仏に白して言く、世尊、若し善男子・善女人等、此の所説の甚深般若波羅蜜多において、受持、読誦し、如理思惟し、他の為に演説せんに、我れ当に云何が守護すべきや。唯だ願わくば世尊、哀を垂れ示し教えたまえ。爾の時、具寿善現、天帝釈に謂って言く、憍尸迦、汝、法の守護すべきあるを見るや。天帝釈言く、いな也。大徳、我は法の是れ守護すべきあるを見ず。善現言く、憍尸迦、若し善男子・善女人等、是の如くの説に住さば、甚深般若波羅蜜多は、即ち守護為《た》り。若し善男子善女人等、所説の如く住せば、深般若波羅蜜多は、常に遠離せず。当に知るべし、一切の人非人等、其の便を伺求して、損害を為さんとせんに、終に得ること能わじ。憍尸迦よ、若し所説の如き甚深般若波羅蜜多に住する諸の菩薩を守護せんと欲うことは、虚空を守護せんと欲《おも》う為《しわざ》に異なることなし。

これに対して、道元は「住」を「作」に変えた。では道元はどう読ませようと思ったのか。まず、「若し善男子・善女人等、是の如くの説を作さば、甚深般若波羅蜜多、即ち守護たり」となった。こうすることによって、経文の「所説の如く住せば」という、不明瞭な文が、善男子・善女人等が「是《こ》の如くの説」すなわち、直前で説かれた「般若において受持・読誦・如理思惟・為他演説」と説かれたとおりに作せば、という意味になる。この「所説の如く作す」は、『私記』や［水野訳］のように「法の是れ守護すべき有ることを見ず」ではなく、〈受持・読誦、如理思惟、為他演説〉なのである。

そう解釈するのが妥当なのは、この文の主語が「善男子・善女人等」だからである。「法の是れ守護すべき有ることを見ず」は、どこまでも憍尸迦が了解したことであり、その了解は守護することを仕事とする憍尸迦にとって大切なのである。次の「善男子善女人等、所説の如く作せば」もおなじように、善男子善女人等が般若において受持・読誦・如理思惟・為他演説すると説かれたことを作せば、般若は遠離しない、となる。最後は「説くところの如き甚深般若波羅蜜多を作す諸の菩薩を」となり、前との関連から、「善男子・善女人と同じように、般若において受持・読誦・如理思惟・為他演説するということを実践する諸菩薩を」ということになる。

小栗は「『是の如くの説』とは『受持・読誦・如理思惟』であると訓み替えられ、ここで行為と『守護般若』

を直接対応させせようとしたのである。」（五二）という。たしかにそのように訓み替えられたが、「守護般若」と行為は対応するというより、その行為がそのまま守護般若なのであろう。

そしていずれにしても問者である憍尸迦がなにかを「守護する」余地はないのであって、「受持・読誦・如理思惟・為他演説する」そのことが、般若が守護となり、般若が遠く離れない、そういう事態なのである。

そのように読んだ時に、はじめて、道元がこの経文に対して〈しるべし、受持・読誦・如理思惟、すなはち守護般若なり。欲守護は、受持・読誦等なり〉と解説していることが、非常にすなおに理解できる。二句の前半で「すなはち守護般若なり」といわれると、「これが般若を守護することである」となって、あたかも守護する般若があるように誤解される恐れがある。そこで、さらに〈欲守護は、受持・読誦等なり〉と、「般若を」という目的語を外した形にしていわれている。〈欲守護〉は引用の最後に来る「憍尸迦、若欲守護、住如所説、甚深般若波羅蜜多、諸菩薩者、無異為欲守護虚空」に二度出る「欲守護」に違いないが、後者の「欲守護虚空」ではないことに注目したい。［水野訳］、竹村『講義』は「甚深般若波羅蜜多と諸菩薩とは、異なることなし。欲守護虚空と為す。」と訓むが、訓み全体がいままでなしてきた訓みと異なるばかりか、憍尸迦にとって守護するものがなお虚空としてあるかのような印象になる。

道元は、ふつうには主語にはならない「欲守護」を主語にして、〈欲守護は、受持・読誦等なり〉とする。そのことによって、憍尸迦が守護しようとする法としての般若波羅蜜ではなく、善男子善女人、そして菩薩が、守護しよう（あるいは守護されよう）とすることが、すなわち受持・読誦・如理思惟、為他演説なのだ、とひたすら受持・読誦・如理思惟、為他演説を勧めているように聞こえる。

このような解釈を踏まえて道元の書いた通りにもう一度、更改部分を丁寧に訓み下せば、次のようになる。

憍尸迦、もし善男子善女人等等、この説の如く作さば、般若波羅蜜多は、即ち守護たり。もし善男子善女人等が所説の如く作さば、般若波羅蜜多は、常に遠離せず。一切の人や非人がその便りを伺求して、損害を為さんと欲うも、ついに得ること能わずと知るべし。憍尸迦よ、説くところの如き甚深般若波羅蜜多を作す諸菩薩を守護せんと欲うことは、虚空を守護せんと欲《おも》う為《しわざ》に異なることとなし。

このように訓み下して明らかになることは、まず憍尸迦が主語として一貫していることである。いや、初めの「善男子善女人等」の前に「時天帝釈復白仏言。世尊、（時に天帝釈、復た仏に白して言く、世尊）」がある。したがって、最初の文章も、憍尸迦が主語なのである。そして憍尸迦が守護しようと思っても守護すべきものはない。却って善男子善女人、菩薩が、受持・読誦・如理思惟、為他演説することが、般若であり、守護であるのだ、という論旨である。

内容を詳しく見れば①善男子・善女人等が、甚深般若波羅蜜多において、受持・読誦・演説するに当たって、憍尸迦はどのように（法を）守護したらいいか。②守護しようと思っても、法には守護すべきものはない。③そうであるから、善男子善女人が法の通りに作せば、般若波羅蜜多が（善男善女の）守護なのである。④またそのようにすれば、般若波羅蜜が遠くに離れることもない。⑤だからどんな人非人が（法、善男善女）を損害しようと思っても守護すべきものがないのだから、損害することもない。⑥また般若を作す菩薩を守護しようと思うことは、虚空を守護しようと計らうことと同じある。すなわち憍尸迦には、守護すべきものはなにもないのであり、守護しようと勧めることは虚しいことだ、という一貫した論理となる。

「憍尸迦には、守護すべきものはなにもない」という経の主旨とは別に、道元は「善男子善女人等が般若を受持・読誦、如理思惟し、他の為に演説することが、守護であり、大切なのだ」と主張したいのである。

小栗は「『大般若経』をそのまま引用すると、道元が嫌うところの唐代禅的な修行無用論につながりかねないことを危惧したのだと推測すれば、『住』するところに行為を内包させるのではなく、『作』という行為そのものに重きを持たせるために、かように引用箇所に改変を加えたという捉え方もできうるのである。……すでに心性常住説あるいは天台本覚思想への批判的見解を内包していたことの証左ともなろう。」(五三)という。

この点については、「住」を「作」に一字改変することで、修行無用論批判や天台本覚思想批判になるとは思えない。「作」への改変は、一般的に「住」という状態を「作」という行為に変えたというよりは、むしろ、「作」とすることによって文脈から「受持・読誦・如理思惟」を作すことだ、と了解できるようにして、元来の『大般若経』のこの部分のメインテーマである守護しようとしても、守護するべきものは何もない、空である、ということについては、道元はまったく解釈しておらず、空思想を説く意図はまったくない、といえよう。

いままで見てきたように経典の重視という道元の示衆の意図を、ここでは直接的に(経典を)受持読誦・如理思惟することが、般若を守護することだ、と明確に言い切っていることになり、それが道元の著語〈受持・読誦・如理思惟、すなはち守護般若なり〉であり、さらに〈欲守護は、受持・読誦等なり〉と念を押されているのである。

道元がこれを説いた当時は、宋朝の禅は教外別伝、不立文字であり、経典を受持・読誦・如理思惟することなど不要だ、という一般常識が広まっていたと想像される。それはまた道元自身が『辦道話』で「焼香・礼拝・念仏・修懺・看経をもちゐず」と師の如浄の言葉を以て断言してもいた。自らの言説を含めて、禅は教外別伝、不立文字、一字不説、以心伝心であると言われることへの激しい反省が籠められているのかもしれない。

また、禅宗は「仏に逢っては仏を殺し、祖に逢っては祖を殺す」とか、「払拳棒喝」や悪罵めいた言説など、男性的な厳しい出家宗教と見られていた節もある。だが、道元の初めての説法(示衆)に集まってきた聴衆は、まだ僧堂もない頃で、興聖寺建立に寄与した正覚尼などの尼僧や藤原経家等在家者も多く参加していたに違いない。そういう人々に向かって、善男子善女人の（経典の）「受持・読誦・如理思惟、為他演説」を推奨したのであり、そのことは、大きな意味があったに違いない。

『正法眼藏』には「焼香・礼拝・念仏・修懺・看経をもちゐず」と説いた『辦道話』も、それに類する言葉も入っていない。それどころか、《礼拝得髄》《看経》という巻が七十五巻本にはあり、十二巻本は《帰依三宝》《供養諸仏》という巻もある。

道元はこの巻では、経典自身の字を変えるという方法で、経典から独自の意味を汲み取った。しかし、これ以降は経典自身に手を加えるということは、一切しないで、むしろその読み方や解釈に、語義や文法からはとてもでてこないユニークさを出して、自己の道得を言表していくことになる。

三章　先師如浄の風鈴頌

風鈴頌

先師古仏云、渾身似口掛虚空、不問東西南北風、一等為他談般若、滴丁東了滴丁東（先師古仏云く、渾身、口に似て虚空に掛かり、東西南北の風を問わず、一等、他の為に般若を談ず、滴《てっ》丁《とう》東《とん》了《りゃお》滴《てっ》丁《とう》東《とん》）。

これ仏祖嫡嫡の談般若なり。渾身般若なり、渾他般若なり、渾自般若なり、渾東西南北般若なり。

［注釈］

○**先師古仏**　「先師」は、死んだ師匠の意味で、如浄を指す。「古仏」というのは、ふつう禅師といわれるような敬称。道元は「禅師」という呼称を嫌う。たとえば〈文字の法師に習学することなかれ、禅師胡乱の説、きくべからず。〉《光明》、〈しかあるに近来大宋国に禅師と称するともがらおほし、仏法の縦横をしらず、見聞いとすくなし。〉《見仏》、〈仏位祖位を嗣続すべし、禅師等が未達の道をきくことなかれ〉《三十七品菩提分法》。

それで、「禅師」などという代わりに「古仏」という尊称を用いることが多い。「先師古仏」は他に《看経》《葛藤》《嗣書》《諸法実相》などで使われる。多いのは「曹谿古仏」《即心是仏》《古鏡》《看経》《仏道》など、「趙州古仏」《古仏心》《葛藤》《柏樹子》など、「宏智古仏」《古仏心》《坐禅箴》などである。

この偈は『宝慶記』に出るほか、その一部は《虚空》でも提唱されている。

○**一等**　仏教語で、差別がないこと、平等であること。同一。

＊道元用例

〈古仏にあらざるには相似ならず一等ならざるなり〉《古仏心》

〈大悟底人の却迷は、不悟底人と一等なるべしや〉《大悟》

〈たとひ打車の法あることを学すとも、打牛と一等なるべからず〉《坐禅箴》

〈祖道は一等なりといへども、四解かならずしも一等なるべきにあらず〉《葛藤》などの他に十一箇所ある。

○**為他**　『文庫』水野訳は「他の為に」ではなく、「他と般若を談ず」（六八）と読み、「他と」の脚注には「ともに」と記す。

○**風鈴**　鈴鐸すなわち寺社の軒に下げられる大きな鈴と同じ。鈴鐸は、道元が〈第十七代の祖師、僧伽難提尊者、ちなみに伽耶舎多これ法嗣なり、あるとき殿にかけてある鈴鐸の風にふかれてなるをききて〉《恁麼》と言及しており、鈴鐸が風によって鳴る音を聞くという意味で、いずれも風で鳴るもの。

○**滴丁東了滴丁東**　風鈴が鳴る音を表す擬音語。漢字辞書ではルビのようになるが、［大久保道舟本］はティチィントゥレウ・ティチィントゥであり、『聞解』はチチンツンリャン・チチンツンという。

○**渾自**　「渾身」は一章一節で出された言葉で、「体全体、満身」の意とした。〈自己の渾身心に聞著する〉《仏道》という言葉があり、「渾自」はそのような「自己の渾身心」を含意しよう。

【現代語訳】

わたしの亡くなった師である古仏（如浄）が言った。

体すべてをあげて、口のように虚空に掛かり、東西南北、（どちら）の風かは問うことなく、平等に他者の為に般若を噺している。チ・チン・ツン・リャン、チ・チン・ツン。

これが仏祖から代々伝わってきた談般若（ハンニャを話すこと）である。体すべてをあげての般若である。他のすべてをあげての般若である、自己のすべてをあげての般若である。東西南北すべてあげての般若である。

【諸釈の検討】

『聞書』

此［の］渾身似口と云［う］は、やがてはじめに観自在菩薩の行深般若はら蜜多時は、渾身の照見五蘊皆空と云ひし渾身なり。渾他と云［う］は、自他の他に非ず、渾自般若と云［う］事さきの段にはなきことのいできたるやうなれども、これは一等と云［う］等にきこゆるなり。渾身掛虚空とあるは、人々皆掛虚空也。学と云［う］も守護と云［う］も、今の談般若の義同じかるべし。当如虚空学と云［う］虚空、今の掛虚空と云［う］虚空とこれをなじかるべし。一等為他談般若とあるは、此［の］他不対自他なる所をあらわさむために、一等他為とはあるなり。（一六五―一六六）

最初の渾身が、冒頭の「……渾身の照見……」の渾身だというのは、直接そのところを指すわけではないが、それを意識して言っているという意味にとればいいだろう。「渾他」が自他の他ではない、というのは、続いて「渾自」といわれているのだから妥当しない。「一等為他」も同じである。したがって「渾自般若」の渾自が「等」という意味だとはいえまい。

また前章の「当如虚空学」の虚空は、何もない空間としての「虚空」ではあるまい。しかし、「掛虚空」は、風鈴が掛かっている「何もない空間」という意味であって異なっている。また「一等」は、東西南北等しくという意味の「一等」だろう。

『御聴書抄』

渾身は風鈴の渾身也。掛虚空は当時のすがた也。……只所詮滴丁東了滴丁東は、今の風鈴の鳴る声なり。是が則談般若也。……一等為他談般若といはるる他は東西南北の風歟、又風鈴の当体歟、……為他と云へばとて、自他の他に不拘［拘らず］、他あるべくば渾自般若ともいふべし。非自他の他に道理あきらけし。（一六五）

ここは『聞書』の誤った解釈をほとんど継承しないで、まっとうな解釈である。しかし「他」についてだけは『聞書』を踏まえて「自他」の他ではないとするから、〈一等他の為に〉の他を、風とするのか、風鈴の当体とするのかと、考えにくいことをいう。「他あるべくば渾自般若ともいふべし」というが、道元はそのように「渾自般若」といっているのである。

『聞解』

渾身全身が是口で有無等一切による処無く虚空に掛く、全体般若の丸出し。東西……どちらの風もいと嫌《ママ》わぬ、一切平等に衆生の為に般若を談ず。……この章、通身より自己他己一切処般若なることを明す。（一六五）

「有無等一切による処無く」「全体般若の丸出し」は不要であろう。ただ風鈴が掛かっている描写である。「他」は「衆生」だろうか。「一切処般若」はこの巻のどこにもいわれていない。こういう表現はすべてが悟りであるという本覚思想に通ずる。

『参註』

此是以般若作自他及方隅。即謂之渾身、談般若時、似口掛虚空也。掛空時曰不問四風……（此れは是れ般若を以て自他及び方隅と作す。即ち之を渾身と謂う。談般若の時、口に似て虚空に掛る也。掛空の時四風を問わずと曰うなり。……）（一七四）

『私記』

先の『参註』を「虚空也」まで引き、「渾身も、口も、虚空も般若なり」（一六五）とする。

『参註』が、般若を以て自他や方隅（東西南北）と作し、それが渾身だ、というのはまったく誤った解釈であるが、『私記』は平気でそれを引用し、ここでは『御聴書抄』が言わなかった、みんな般若という例の解釈を、自分がしている。なにをかいわんや。

弟子丸『解釈』

風鈴が体全体で般若を語っている。東西南北、あらゆる方向から、あらゆる観点から、般若を語るのであり、それはまた自分の肚の底から語る真実でもある。般若は宇宙の全体に関連しているということを風鈴にことよせて、仏祖嫡嫡の般若を如浄禅師が談ぜられたのである、というのが道元禅師のこの段の主旨である。（二三五）

1．渾身似口虚空　風鈴は全身が口のように開いていて、空中からぶらんとさがっているというのである。このことは風鈴の体をあらわして、実は般若の用をあらわしているのである。（二三六）

そして『宝慶記』の関連記事や《虚空》巻、『永平広録』の風鈴頌の記述をはじめ、古釈や、『啓迪』の解釈などを出している。その紹介の中に岸沢惟安の『正法眼蔵全講』が次のように引いてある。

すなわち、坐禅した時に、坐禅が形式ではない。形式のままに自受用三昧、自受用三昧のままに端坐坐禅、その自受用三昧のことを「諸法の生滅無し」という。端坐坐禅のことを、施設可得という……肉体が肉体をまもらず、坐禅をした時、坐禅なりと雖も自受用三昧。だからこの坐禅が、色即是空、空即是色だから、大般若が非思量である。すなわち坐禅がたしかに「渾身口に似て虚空に掛かる」ということであり、私たちが坐禅をした時、「遍法界みな仏印となり、尽虚空ことごとくさとりとなる」のである。(二三七)

また沢木『遺稿』に「『坐底坐受用、立底立承当。頭々上円、法々上真』とあるは、坐禅した時に、自受用三昧となり、経行した時に、その経行の姿、形が骨髄に徹した悟りそのものであるという意であり、岸沢惟安老師の前述の解釈と同じ見解といえよう」(二三八)とある。

〈不問東西南北風〉は東西南北から吹いてくる風と取らず、「東西南北の境界を超え、宇宙いっぱいの常説法しているさま」(二三八)とする。

〈一等為他談般若〉は、「さらに人間ばかりでなく、広く一切衆生のために差別なく般若を談じていると解したほうがよい」(二四二)という。

風鈴は宇宙全体、あるいは諸法実相の姿だというのが、弟子丸の見解であるが、そうであろうか。

いっぽう、岸沢は、風鈴が口のように虚空に掛ることが、坐禅であると指摘している。しかし、その理由は自受用三昧が色即是空であるといわれるが、それと風鈴とは結びつかない。また風鈴頌の虚空と坐禅の時、「尽虚空ことごとくさとりとなる」という言葉とが結びつけられて、そういわれており、風鈴が四方の風にまかせて般若を談じている、ということは引用を見る限りいわれていない。また〈東西南北の風を問わず〉を東西南北から吹いてくる風と取らず、「東西南北の境界を超え、宇宙いっぱいの常説法しているさま」(二三八)と取っているのは妥当ではあるまい。四方の風があるから鳴るのである。また「一等」は他を修飾しているのだろうか。

内山『味わう』

しかし、この詩は、味わえば味わうほど素晴らしい詩だと思う。渾身口に似て虚空にかかる—ここがいい。東西南北風を問わず、選ぶものなし。東風はいやだ、などというのではない。渾身般若なり、渾佗般若なり、自己の中身に他もある、自他一枚、自己ぎりの自己です。（七八）

なぜこの詩がいいのか、何も説明がないし、これが譬えであるとは解していない。「渾身般若なり、渾佗般若」から、自他一枚、自己ぎりということがなぜいえるのか分からない。〈般若を談ず〉はどこにいったのだろう。

西嶋『提唱』

天童如浄禅師は、軒下にぶら下がっておって、風が吹いてくると「チリン、チリン、チリン」と鳴る風鈴が智慧を語っておる。本当のこの現実の世界というものが何であるかということを風鈴の音が語っておる、というふうに感じられて、この詩を作られた。（八五）

「渾佗般若なり」というのは、この天童如浄禅師、あるいは風鈴を取り巻いておる周囲の世界全部が、正しい智慧そのものである。「渾自般若なり」、自というのは、自分自身。だから、客観世界の中にポツンとある所の風鈴、あるいは天童如浄禅師ご自身、そういう主観、主体というものも、すべて正しい智慧に他ならない。（八六）

「渾東西南北般若なり」、この世の一切が正しい智慧にほかならない。（八六）

これも風鈴が譬えであることが見えていないし、客観世界も主観も正しい知恵であろうか。そんなことはありえないだろう。

門脇『身』は、この巻の解釈の冒初め近くに、この章を出している。
　この頌の冒頭に「渾身口に似て虚空に掛り」とあり、如浄の渾身が虚空にかかって般若の知恵に満ちていることが歌われている。（七七）
そして『宝慶記』を引用して如浄と道元の対話についてこういう。
　この対話の中で注目すべきことが少なくとも五点ある。第一はいうまでもなく、虚空が有形の虚空や青空ではなくて、般若を意味すること、……体空観であることである。第二にこの「風鈴頌」が如浄その人の風貌を語っており、その渾身全体が般若に満ちていて、「一等他の為に」、つまりひたすら衆生済度のために般若を説いていることに、道元は感動していることである。……（七九）
そして改めて、風鈴頌の箇所では、道元のコメントだけに言及して、次のようにいう。
　道元は如浄の頌が釈迦から迦葉へ、そして代々の仏祖の伝え来った生き生きとした「談般若」の伝承を響かせつづけているのを聴く。それは渾身般若となった菩薩の姿から発する妙なる響きである。「声あれども説かず」声なき声を持って般若を談じている。「耳をもてるものには聴こえてくるはずだ。耳をすまして聴きなさい。」菩薩の渾身は実は自他の別のなくなった渾他と化して、「談般若」しているのだ。さらに、その「渾身」は一切の衆生を包摂し、全てを自己化して「渾自」となって、「談般若」している。その「渾身」は東西南北を満たし、「渾東西南北」に化身して、尽十方世界に「談般若」の広大無辺なる「仏の長広舌」を声なき声をもって響かせている。「聴く耳を持てるものは聴け。」（一〇一）
門脇は「風鈴」をはじめから如浄の身としている。いったい、如浄が自分自身のことを詠うだろうか。まして

「般若の知恵に満ちている」などと。この解釈（誤解）から、ここでは風鈴は「菩薩の姿」とされて、すべてをその菩薩の働きとして「談般若」していることと論じている。しかし、風鈴を如浄の風貌とすることも、菩薩の姿とすることも間違っていよう。

酒井『すべて』

「渾身口に似て」というのは、まるで風鈴は全部が口ですね。それが「虚空に掛かる」―虚空の中にぶらさがっている。……風が吹きさえすれば鳴る。これは方角なしだ、方角なしということは、尽十方界ということを表している。「一等に他が為に般若を談ず」―一等に、みんな平等です、いつでも、ジャランジャランジャランジャラン鳴っております。あのジャランジャランジャランジャラン鳴っている音が般若の音なんですね。つまり具体的に般若を示してくれる。（一三三）

「如浄の頌より、道元の方が私たちにはぴんとくる」（一三五）とした上で、ここの頌ではなく、『永平広録』の道元の頌「渾身是れ口、虚空を判ず」を解釈してこういう。

渾身、身体全体が口でしょう。身体全体で「虚空を判ず」が面白いでしょう。虚空を判ず、ということは、虚空全体を表現していると。残ることなくですよ。つまり虚空と一体ですね。虚空の表現みたいなもんだね。惜しみなく現してくれると。じーっとして坐る私たちの坐禅がこうなんですね。私たちは坐禅をする時にはね、自分の行為は一切ありませんよ。じーっとしている。自分のためにすることは一切ありません。（一三五）

そこで「居ながらに起す東西南北の風」―今の呼吸みたいなもんでしょう、自然と窓が開いていますから、どっちの方向の風でも入って来ますよ。（一三九）

最初のテキストの解釈では坐禅ということはまったく出て来ない。その字句の解釈は間違っていないが、それが譬えであるとは解さないで、鈴の音が般若だというにすぎない。次の道元の頌ではじめて「渾身是れ口」が坐禅をすることだというが、坐禅してじーっとしていることが、なぜ虚空を表すことになるかは言われていない。『永平広録』の道元の頌の解説より、テキストを解釈することに意を用いるべきだろう。

森本『読解』

口というものは、実体的な中身の詰まったものではなく、空虚そのものであるからこそ、ありとあらゆる言語を発することができるのだ。（七九）

「滴丁東了滴丁東」は、そのような自由自在な発声を写したものにほかならず、さまざまな訓み方が行われている。（同）

これでは人間の口のことを例えているように聞こえる。頌は「中が虚空」ではなく、「虚空に掛」っているといわれている。鈴の中が虚空だから自由な発声ができるのではなく、四方の風に任せて「鳴っている」といわれている。鈴は人間の口の譬えだろうか。

竹村『講義』

その風鈴は全身が口のようだ。音を出す、その音を出すというそのことになり切っているところを、「渾身口に似て」と言ったのでしょう。そして「虚空に掛かる」。何ものにもとらわれず、ただ音を鳴らすという、その鳴らすということになり切っているというようなところでしょうか。「東西南北の風を問わず」、風が東から吹こうが西から吹こうが、どちらも厭わない。（二七二、三）

音を出すわけですけれども、その音の中に『般若心経』ですと、「色即是空・空即是色」の実相が露わである。いえ、音ですから「色声香味触」の「声」で「声即是空・空即是声」のその声が鳴り響くわけです。そこに般若を談ずということ

があるわけです。(二七四)

この解釈も風鈴を譬えとは取らず、そのままを解釈している。「虚空に掛かる」ことがなぜ「なり切っている」ことになるのだろうか。風鈴の音は聞く人によって、「声即是空・空即是声」という内実として響くというのであるが、これでは風鈴でなくても、なんでもいいのではなかろうか。太鼓が鳴っても、銅鑼が鳴ってもそう解釈できるのではないだろうか。

頼住「一考察」

風鈴が禅者の理想的な在り方と重ねられて讃嘆されている。(三八)

「虚空」とは「空」に通じ、存在が固定的な実体ではなくて、他との関係の中で成立している(縁起)ということを意味し、さらには、存在の根源に見出される無分節のはたらきを示唆している。そして「般若を談ず」とは、風鈴に修行者の在り方を託して、修行者自身が、全身を挙げて行をなしつつ「空」である自分の在り方に徹し、さらに、自己の「空―縁起」の在り方を、他者に対しても語り伝えている、ということを示している。ここでは自利と自他を兼ね備えた禅者の在り方が「無情説法」として語られているのである。(同)

般若波羅蜜を「存在の根源に見出される無分節のはたらき」と形而上学的に解釈することは、なんら妥当性を持たない。そのような形而上学ではないのが仏教である。また、風鈴を修行者とするが、その理由が言われていない。〈渾身〉という言葉から修行者の行を読み取ったのだろうか。

〈虚空〉については、すぐ「空」と同義語として自説を展開されるが、道元は〈皮肉骨髄の渾身せる掛虚空なり、この虚空は、二十空等の群にあらず〉《虚空》といって、虚空を教学的ないかなる「空」と解釈することも否定している。かえって石鞏が把った西堂の鼻孔こそ、虚空だという《虚空》。従って、実際に道元においては「空」を説くことは、まったくなされていず、的を射ていない。

【私釈】

まず、「風鈴」は譬えであると押さえるべきである。なにを喩えているのか。いくつか坐禅を譬えているという解釈があった。

岸沢は「坐禅をした時、坐禅なりと雖も自受用三昧。だからこの坐禅が、色即是空、空即是色だから、大般若が非思量である。すなわち坐禅がたしかに『渾身口に似て虚空に掛かる』ということ」と説明するが、坐禅が色即是空、空即是色だとどうしていえるのだろうか。したがって理由になっていない。

酒井『真実』もまた「渾身口に似て虚空に掛かる」が坐禅だというが、その理由は、その頌が「虚空と一体ですね。虚空の表現みたいなもんだね」といわれ、いっぽう「坐禅をする時にはね、自分の行為は一切ありません」といわれる。そこに共通するものがあるのか、わからない。

先に見たように《虚空》巻には〈皮肉骨髄の渾身せる掛虚空なり〉とあるように、風鈴が掛かっている様子を、「身体全体」あげての掛虚空だというのであるから、風鈴は身体の様子の譬えであるといえよう。ではどのような身体か。坐禅している形は頭を頂点として、肩、脚と広がって、三角錐のようにどっしりして、しかも人体の丸みを帯びている。それはどこか、風鈴の形に似ていないだろうか。

もっとも風鈴は揺り動くが、坐禅は動かないと批判もあろう。しかし、道元は揺り動く風鈴の舌のような有様ではなく、鳴っていることに意を注ぐ。なぜ鳴るのか。道元は〈渾身似口掛虚空、あきらかにしりぬ、虚空の渾身は虚空にかかれり〉《虚空》といって、風鈴が虚空の渾身といわれ、虚空にかかるだけでなく、それ自身も虚空であることに目を向けている。その虚空とは、体がからっぽだとか、頭の中がからっぽだとか、いうことではないのである。《虚空》巻でこの句の前にとりあげられているのは、虚空を捉えるとは、西堂がやってみせたような大気を捉えるようなことではなく、石鞏が西堂の鼻を把って拽いて捉えたことである。つまり、骨身に沁みる「そのお前」、自己自身が、虚空なのである。さらに〈捉〉虚空とは仏道修行だと道元はいう。

〈仏仏祖祖の功夫弁道・発心修証・道取問取、すなはち捉虚空なると保任すべし〉《虚空》

そうであれば、虚空を捉えた仏道修行（功夫弁道・発心修証）が、坐禅・結跏趺坐であるのは当然であり、捉えたものは他ならぬ自己自身、虚空である。そう見れば、〈虚空の渾身は虚空にかかれり〉《虚空》といわれることがよく分かるのではなかろうか。「虚空の渾身」が自己自身であるなら、それが掛かっている「虚空」は何を指しているのであろうか。

沢木「遺稿」に引かれた長慶慧稜の得法の偈の上の句「万象之中独露身、唯人自肯乃方親（万象の中の独露身、唯だ人、自ら肯って乃《すなわ》ち方《まさ》に親し）」とあるように、独露身（打坐の身）が置かれた「万象」であろう。あるいは《現成公案》で〈万法すすみて自己を修証する〉といわれた「万法」ともいえよう。万法といっても、あらゆる存在するものなどではなく、坐禅する当人を含めたところでの尽十方界真実人体ともいえることである。〈尽十方界は、是自己なり、是自己は、尽十方界なり、回避の餘地あるべからず、たとひ回避の地ありとも、これ出身の活路なり、而今の髑髏七尺、すなはち尽十方界の形なり、象なり、仏道に修証する尽十方界は、髑髏形骸皮肉骨髄なり〉《光明》といわれていて、〈仏道に修証する〉坐禅の身は尽十方界といわれているからだ。

〈東西南北の風を問わず〉とは、いくつかの解釈がなしているような、風鈴（の音）が東西南北、十方に行き渡っているということではなく、多くの注釈のように、融通無碍にどの方向から風が吹いてきても、自在にその風のままに風鈴の舌が揺れて音がすることであろう。だが、それは何を喩えているのだろうか。〈渾身口に似て〉の〈渾身〉は、この巻冒頭に〈行深般若波羅蜜多時は、渾身の照見五蘊皆空なり〉と言及されていた。般若を行ずる（坐禅）時の全身において、五蘊すなわち色受想行識はどうなるのか。坐禅の時には、心意識の運転を止め、足を組み手を組んで動かない。だから、色（物質、ここでは肉体）、受すなわち感受作用、想すなわち表象作用、行すなわち意志作用、識すなわち認識作用は、自らはかわらないから「そのまま」である。色声香味触といわれた五感の対境の動き（風）に、眼耳鼻舌身の感覚知覚器官が、そのままに反応し、それが眼識・耳識・鼻識・味覚・触覚に自分の認識・判断を入れることなく、そのままに現ずる。だから〈東西南北の風を問わず〉である。その時は見るのではなく「見える」、聞くのではなく、「聞こえる」というように、完全な受け身で取捨選択はない。このように向こうから働きかけるものに、そのまま自在にその都度反応して自らの取捨が止むことだといえるのではないだろうか。しかし、たんに受け身なだけではない。

〈一等、他の為に般若を談ず〉といわれている。これは、どのようなことか。

「一等」すなわち差別なく等しく、というのは、東西南北どちらからの風でも、ということであろう。「他の為に」の「他」は、古釈とは反対であるが、まさに「自」に対する「他」で、自分以外のもの、ということであろう。〈他の為に〉が、自分ではない「他の為」だということは次の言葉からも明らかである。

〈他のために、法をとき法を修するは、生生のところに、法をきき法をあきらめ、法を証するなり。今生にも法を他のためにとくに、誠心あれば、自己の得法やすきなり、あるひは他人の法をきくをも、たすけすすむれば、みづからが学法よきたよりをうるなり。……おほよそ学仏祖道は、一法一儀を参学するより、すなはち為他の志気を衝天せしむるなり。〉《自証三昧》

またこういわれる。

〈応以此身得度者、即現此身而為説法（応《まさ》に此の身を以て得度すべき者には、即ち此身を現じて、為に説法す）、これ示等虚空法なり、応佗身得度者、即現佗身而為説法（応《まさ》に他の身を以て得度すべき者には、即ち他身を現じて、為に説法す）、これ示等虚空法なり。〉《虚空》

ところで「般若を談ずる」については、諸解釈は、実に長々とこまごま「般若」や「空」について論［談］じられている。しかしながら、般若や空について、いくら人間が談じてみても、それは戯論であるほかない。虚空である「般若」とは何であるかという問いに、言葉で説いてはならないのである。先の引用は「これ等しく虚空法を示すなり」といわれていて、般若を示すとはいわれていないが、二章二節では〈学般若は虚空なり〉といわれていた。般若を説くことと虚空を示すことは、異なることではない。〈虚空法〉と〈般若〉の関係を道元は頌の後の著語で「虚空というは般若なり」と明確にいっている。般若はとりもなおさず虚空なのである。

風鈴が〈般若を談ずる〉ということについて、池田魯参は南陽慧忠の『心経註』に附注した芙蓉道楷の解釈をこう示す。

「楷いわく、故説般若波羅蜜多咒、乃至菩提蘇婆訶は、呪は訳さざる者なり。鈴鐸の声の如し。声あれども説かず。菩提を明すをもって言説を離るるなり」（二一八）

風鈴は、したがって口で言葉を以て示すのではない。言葉では表すことのできない般若は、先に〈即ち此身を現じて、為に説法す……他身を現じて、為に説法す〉といわれているように身心を以てする坐禅においてのみ、説かれるのである。只管打坐のところで現成していることは、不思量底の思量であって、〈非思量〉なのであり、思量も言葉も及ばないのである。

道元にとって、最上の説法は坐禅の姿そのものである。そのことは《仏性》で龍樹が坐禅している姿（円月相）を〈蘊処界に一似なりといへども以表なり、諸仏体なり、これ説法蘊なり〉と説いていることからも明らかである。また〈尽十方界は、八万四千の説法蘊なり、八万四千の三昧なり、八万四千の陀羅尼なり。八万四千の説法蘊これ転法輪なるがゆゑに、法輪の転処は、亙界なり、亙時なり、方域なきにあらず、真実人体なり。〉《身心学道》といわれている通りである。ここで尽十方界といわれていることは、坐禅している人の身体である。只管打坐の姿がただちに転法輪であるというのは、結跏趺坐を説く《三昧王三昧》でも〈あるいは三七日結跏趺坐、あるいは時間の趺坐、これ転妙法輪なり〉《三昧王三昧》といわれている。

それでも「他の為に」であって「自己の為」がないのはなぜか。沢木興道師はこのように言われた。

「坐禅という形は非常に神秘である。わたしは小僧時分にはずいぶん流浪したものであって、越前のある寺にも預けられておったことがあった。ある時ちょっと暇があって、納所も留守であるし、飯炊婆さんがいるから飯を炊く必要もない。それで奥座敷へ入って線香一本立てて坐禅した。まだ自分の衣もない時分だ。その時に飯炊婆さんが何か出しに奥座敷へきた、あの新米坊主、きっとどこかへずらかって昼寝でもしているのだろうぐらいに思ってきてみると、わたしがチャンと坐っていたものだからびっくりして『南無釈迦牟尼仏、南無釈迦牟尼仏』とわたしを三拝する。わたしはずいぶんおかしな気持ちがしたのだが、坐禅というものは一足飛びに仏様になる方法であるということを、その時、わたしはますます信じさせられたのであった。

越前の国のある和尚が坐禅しておった。そうすると、隣の六つになる子供が本堂へチョコチョコときて、この和尚さんを見て驚いて、母に告げていうには『あのよ、お寺の和尚さんが神さんになってござるがなよ』といった。どうも坐禅という形は非常に神秘な形である。」（『禅談』二三二）

ここで老師は「おかしな気持ちがした」だけであって、「おれは仏になった」と思ったわけではない。〈諸仏のまさしく諸仏なるときは、自己は諸仏なりと覚知することをもちいず〉《現成公案》であり、「覚知に交わるは証則にあらず」『辨道話』で、自分にはまったく不覚不知なのであり、自分に向けて般若は語られない。坐禅は他者のためにだけ、説法になる。

さて、如浄の頌に対して、道元は〈これ仏祖嫡嫡の談般若なり。渾身般若なり、渾他般若なり。渾自般若なり、渾東西南北般若なり〉という。

〈仏祖嫡嫡の談般若〉とは、この頌が、仏祖である如浄から嫡々、道元に伝わった談般若である、ということは明瞭である。この頌が般若を談じているというのは、いまのべてきたように、この頌が打坐とその内実、その功徳を説いているのであろう。道元は、その頌を『宝慶記』（三三）で、次のように口を極めて褒めている。

> 道元、拝稟す。和尚の風鈴頌最好中の最上なり。諸方の長老、縦い三祇劫を経るとも、また及ぶこと能わず。雲水・兄弟、箇箇頂戴す。道元、遠方の辺土より出来して、寡聞の少見なりと雖も、今、伝灯・広灯・続灯・普灯、及び諸師の別録を披《ひら》くに、未だ曾て和尚の風鈴頌に如《し》くものの有るものあることを得ず。道元、何の幸いありてか今、見聞することを得たる。歓喜踊躍し、感涙して衣を湿し、昼夜に叩頭して頂戴するものなり。然る所以は、端直にしてしかも曲調あればなり。

これがほとんどの解釈がしているように、「伝灯・広灯・続灯・普灯、及び諸師の別録」にも見出せない素晴らしい頌だということは、それが祖師方が示してきた仏道の核心を伝えているからであろう。

〈端直にして〉とは、だれでも思い浮かべることができる風鈴の様子を、風鈴は坐禅の姿であり、風鈴が鳴るのは言説をもちいない説法としてまっすぐ要を得て示しているからであろう。〈曲調あれば〉とは、七言絶句で平仄が合っているとも指摘される。

〈渾身般若なり、渾他般若なり。渾自般若なり〉は、坐禅の身があげて般若であるということではあるまいか。他の坐禅の身もあげて般若であり、自らの坐禅も般若を身体全体で説いている、ということを示しているのではあるまいか。それはまた打坐の正当恁麼時は、尽十方界も悟りとなり般若となるので、〈渾東西南北般若なり〉といわれるのであろう。身を挙げて般若であるということは身を挙げて虚空であるということでもある。

《虚空》巻は〈かくのごときの虚空、しばらくこれを正法眼藏涅槃妙心と参究するのみなり〉で結ばれている。

四章　大般若経・随喜廻向品の道元による解釈

仏薄伽梵は般若

釈迦牟尼仏言、舎利子、是諸有情、於此般若波羅蜜多、応如仏住供養礼敬。思惟般若波羅蜜多、応如供養礼敬仏薄伽梵。所以者何。般若波羅蜜多、不異仏薄伽梵、仏薄伽梵、不異般若波羅蜜多。般若波羅蜜多、即是仏薄伽梵、仏薄伽梵、即是般若波羅蜜多。何以故。舎利子、一切如来応正等覚、皆由般若波羅蜜多得出現故。舎利子、一切菩薩摩訶薩・独覚・阿羅漢・不還・一来・預流等、皆由般若波羅蜜多得出現故。舎利子、一切世間十善業道・四静慮・四無色定・五神通、皆由般若波羅蜜多得出現故。（釈迦牟尼仏言く、舎利子、是の諸の有情、此の般若波羅蜜多において、応に仏の住するが如く供養し礼敬すべし。般若波羅蜜多を思惟すること、応に仏薄伽梵を供養し礼敬するが如くすべし。所以は何《いかん》。般若波羅蜜多は仏薄伽梵に異ならず、仏薄伽梵は般若波羅蜜多に異ならず。般若波羅蜜多は、即ち是れ仏薄伽梵なり、仏薄伽梵は、即ち是れ般若波羅蜜多なり。何を以ての故に。舎利子、一切如来応正等覚は、皆な般若波羅蜜多に由《よ》りて出現することを得るが故に。舎利子、一切の菩薩摩訶薩・独覚・阿羅漢・不還《ふげん》・一来・預流《よる》等は、皆な般若波羅蜜多に由りて出現することを得るが故に。舎利子、一切世間の十善業道・四静慮・四無色定・五神通は、皆な般若波羅蜜多に由りて出現することを得るが故に。）

しかあればすなはち、仏薄伽梵《ばぎゃぼん》は般若波羅蜜多なり、般若波羅蜜多は是諸法なり。この諸法は空相なり、不生不滅なり、不垢不浄、不増不減なり。この般若波羅蜜多の現成せるは、仏薄伽梵の現成せるなり。問取すべし、参取すべし。供養礼敬する、これ仏薄伽梵に奉覲承事《ぶごんしょうじ》するなり、奉覲承事の仏薄伽梵なり。

［注釈］

○**釈迦牟尼仏言**……　出典『大般若経』百七十二巻随喜迴向品。その原典と道元の引用は傍線部分が異なっている。

「仏言舎利子。是諸有情、於此般若波羅蜜多、応如仏住。供養礼敬思惟般若波羅蜜多。応如供養礼敬思惟仏薄伽梵。……舎利子。一切世間十善業道、四静慮、四無量、四無色定、五神通。……」（T05,p.925a）「仏」が「釈迦牟尼仏」になり思惟、四無量が省かれている。このテキストの読みは取らない。

○**薄伽梵**　bhagavat（梵）の音写。バガヴァット　仏十号等では世尊と訳す。ヒンドゥー教の叙事詩『バガヴァット・ギーター』の「バガヴァット」と同じ。ここで九回用いられるほかは『正法眼藏』では《十方》にのみ使われる。

＊道元用例

〈乾峰和尚因僧問、十方薄伽梵一路涅槃門。未審路頭在什麼処。乾峯以拄杖畫一畫云、在遮裏。いはゆる在遮裏は十方なり。薄伽梵とは、拄杖なり。拄杖とは、在遮裏なり。一路は十方なり。〉《十方》

○**菩薩摩訶薩・独覚・阿羅漢・不還・一来・預流等**　菩薩摩訶薩は菩薩大士、独覚は縁覚ともいう。阿羅漢・不還・一来・預流は上座部経典に説かれる修行者の得る境地（四沙門果）で、これらは声聞ともいわれる。全部合わせて、大乗（菩薩）と二乗（独覚と声聞）のいわゆる三乗の修行者。

○**十善業道・四静慮・四無色定・五神通**　十善業道は阿含経に説かれる身口意の善い在り方。「四静慮」は「四禅定」と同じで色界に至る修行の階位、「四無色定」は四無色界（空無辺処・識無辺処・無所有処・非想非非想処）に至る修行、「五神通」は天眼・天耳・神足・宿命・他心通で、いずれも『阿含経』で説かれる境地。道元が省いた「四無量」は、慈悲喜捨の「四無量心」で、拙論によれば、ヒンドゥー教から入った教えである。

○**是諸法**　これ以下、不増不減まで『心経』の引用。

○**不生不滅**　龍樹『中論頌』の帰敬偈は「不滅にして不生、不断にして不常、不一義にして不異義、不来にして不去、およそ戯論が寂滅し、吉祥なる縁起、それを説いた仏陀、かの最高の説法者に私は帰命する。」と説かれるから、「不生不滅」は空思想の根本である。なお、『般若心経』の梵語経典は『中論頌』帰敬偈のように「不滅不生」という順番である。

○**不垢不浄　不増不減**　この言い回しも般若経典類には非常に多く見られる。たとえば「如是般若波羅蜜多。於一切法不向不背。不引不賓。不取不捨。不生不滅。不染不浄。不常不断。不一不異。不来不去。不入不出。不増不減。」（『大般若経』序 T06,p.505b）、『大乗荘厳経論』（無著著）には「経言色不生不滅非染非浄等」と説かれる。（T31,p.618b）

○**問取**　**参取**　取には、自分のものとする、対象を求めるなどの意味もあり、問い求める、参じ求めるとしてみた。

○**奉覲承事**　奉覲の「覲」はまみえる意で、天子にお目にかかり職務に励むこと。ここでは、仏に見《まみ》え奉ること。承事は、承は「うける、うけたまわる」、事は「こと仕える」で「従い仕える」の意味。

【現代語訳】

釈迦牟尼仏が仰せられた。舎利子よ、この多くの衆生は、この般若波羅蜜多において、まさに仏がいますように、般若波羅蜜多を供養し礼敬し思惟しなさい。まさに仏薄伽梵（世尊）を供養し敬礼するようにしなさい。その理由は何かというと、般若波羅蜜多は仏薄伽梵（世尊）に異ならず、仏薄伽梵（世尊）は般若波羅蜜多に異ならないからである。般若波羅蜜多は、それがそのまま仏薄伽梵（世尊）であり、仏薄伽梵（世尊）は、それがそのまま般若波羅蜜多である。なぜかというわけは、舎利子よ、一切の如来応正等覚は、皆な般若波羅蜜多によって出現することができるからである。舎利子よ、一切の菩薩摩訶薩・独覚・阿羅漢・不還・一来・預流等は、皆な般若波羅蜜多によって出現することができるからである。舎利子よ、一切世間の十善業道・四静慮・四無色定・五神通は、皆な、般若波羅蜜多によって、出現することができるからである。

そうであるなら、すなわち仏薄伽梵（世尊）は般若波羅蜜多であり、般若波羅蜜多は是諸法である。この諸法は空相であり、不生不滅であり、不垢不浄不増不減である。この般若波羅蜜多が現成するということは、仏薄伽梵（世尊）が現成するのである。問い求めるがよい、参じ求めるがよい。供養礼敬すること、これが仏薄伽梵（世尊）にまみえ仕えるのである、まみえ仕える仏薄伽梵（世尊）である。

【諸釈の検討】

まず、「於此般若波羅蜜多、応如仏住。供養礼敬思惟般若波羅蜜多、応如供養礼敬仏薄伽梵」の訓み方の問題がある。

①テキスト（春秋社）のように「此の般若波羅蜜多に於いて、応に仏の住するが如く、供養し礼敬すべし。般若波羅蜜多を思惟すること、応に仏薄伽梵を供養し礼敬するが如くすべし」と取るのは『文庫』水野、［増谷訳］、森本『読解』、酒井『真実』、竹村『講義』などである。

これに対して『註解全書』はこう訓む。

②「此の般若波羅蜜多に於いて、応に仏の住するが如くすべし。般若波羅蜜多を供養し礼敬し思惟すること、応に仏薄伽梵を供養し礼敬するが如くすべし。」（二六六）この訓みを取るのは、門脇『身』である。弟子丸『解釈』は本文の読みと解釈の一部（二五一）は①（ただし「仏住の如く」二四五）を取り、他の解釈では「この般若波羅蜜多があるところ、まさに仏が住せられるがごとく、般若波羅蜜多を供養し、礼敬し、思惟すること、まさに仏陀そのものを供養し、礼敬するごとくすべし。」（二五三）と次の③を取る。訓みが一定しないのは、妥当ではない。

内山『味わう』は、返り点がやや混乱しており「下」はあるが「上」はない。それを無理に訓み下しても送り仮名があわないが、強いて訓み下せば次のようになる。

③「此の般若波羅蜜多に於いて、応《まさ》に仏の住するが如く、般若波羅蜜多を供養し礼敬す、思惟することをすべし、応に仏薄伽梵を供養し礼敬するが如くすべし。」（八〇）

①は大般若経の原文では「応如仏住、供養礼敬思惟般若波羅蜜多、応如供養礼敬思惟仏薄伽梵」とあって、二

つとも「供養礼敬思惟」となすべきことが挙げられているので、「供養礼敬」で切ってそれを上に付け、「思惟般若波羅蜜多」を次の文の主語とすることはできない。

②は、「応に仏の住するが如くすべし」と諸有情に対していわれていることになり、有情（衆生）は仏が（その状態に）います（住する）ようになれ、と要請されることになって、衆生にはそういうことは無理なので、この訓みも取れない。

③は、返り点を付け、送り仮名を変えれば次のようになる。

此の般若波羅蜜多に於いて、応《まさ》に仏の住《いま》すが如く、般若波羅蜜多を供養し、礼敬し、思惟すべし。応に仏薄伽梵を供養し、礼敬するが如くすべし。

こうすれば、『大般若経』で「応如供養礼敬思惟」を用いているのと同じ訓み下しになり、内容的にも、上が般若波羅蜜の供養礼敬思惟、下が仏薄伽梵の供養礼敬で、同じ対応を有情（衆生）に求めていることになって、後の叙述とまさしく適合する。なぜ道元が「思惟」を省いたかは分からないが、思惟というより、前にも般若波羅蜜の敬礼守護が出てきており、「供養礼敬」を大事にしたかったからかもしれない。

『聞書』

仏ばか梵は般若はら密に不異、般若波羅蜜は仏薄伽梵に不異と云［う］は、色即是空、空即是色なり、色不異空空不異色なり。（一六七）

所詮此摩訶般若、心得べき様、第一の現成公按を手本として可了見也［了見すべきなり］。（一六八）

『聞書』のこの後は、いままでこの巻で出てきた諸概念を般若やいろいろな言葉と絡めて述べ、また《現成公案》の初段、二段や千手千眼観音に言及したりして、要領を得ない。いろいろ言い換えてみても意味があるとは思えない。

『御抄』

仏薄伽梵を、供養礼敬する道理が全般若なり。般若波羅蜜即是仏薄伽梵、仏薄伽梵即是般若波羅蜜……十善業道四静慮、四無色定、五神通皆小乗の修行也。得出現事故、仏ばか梵、般若はら密也と被談、此般若の上には、更［に］大小乗の言葉不可思議［と］云［う］也。（一六七）

仏薄伽梵と般若波羅蜜が同じだと自らいいながら、「仏薄伽梵を、供養礼敬する道理が全般若」というのは理解できない。十善業道などを小乗の言葉として、そういわれるのは不可思議だという意味なのだろうか。本文は、小乗とはいわれず、「一切世間の」といわれている。般若経の立場では上座部の修行は出世間ではなく世間だということでそれらを摂取しているのであろう。

『聞解』

諸法は自性不可得なるゆえに空相なり、空相なれば般若也。……不増不滅也、これ即仏境界の現成なり。この般若の宗旨は知識に逢て問取し参取すべし、経巻にも参ずべし。又其今日見上り事《つか》へ奉るが仏薄伽梵なり。能礼所礼性空寂なるゆえに。（一六六―一六七）

引用経にも道元の著語にも何度も出て来る「般若波羅蜜は仏薄伽梵、仏薄伽梵は般若波羅蜜」という根本主題には、一度も触れられていない。そして自分の理解する空思想を述べ、あまつさえ、その般若の宗旨を知識に逢て問取し参取せよ、あるいは経典に学べという。そういうことではあるまい。

弟子丸『解釈』

遺稿にもあるごとく、般若と仏薄伽梵とが不二一体であることが示されている。そのことについて本文中には次のごとく七回も重ねて説いてある。……以上のように般若ハラミツが仏薄伽梵、すなわち仏陀と同一であるから仏陀を礼敬し、供養するように般若ハラミツを礼敬し、供養すべきであるとの結論となっている。（二四七—二四八）

坐禅の修そのものが般若の悟りの証そのものとなるのである。そこで「修証一如」の理がここで現成するのである。この理を『啓迪』では『大乗起信論』の「一心二門」をもって次のように説いてある。「一心という時は、不生不滅の清浄心で……不生不滅の真如を、私たちは悟らねばならない。これが起信論における修行の仕方なのである。」（二四八—二四九）

これはすなわち「この経典（金剛経＝筆者）の現存するところに、釈尊およびもろもろの尊敬すべき弟子たちが現存しているのだ」という意味である。臨済禅では「教外別伝」といい、経典をよく疎外する。（二五一）

釈尊が尊いから経典は尊ぶべきである。それは『正法眼藏』が道元の生命であるのとおなじである。（二五二）

〈一切如来応正等覚は、皆般若波羅蜜多により出現する〉について、『啓迪』の「般若の知見が開けずば、仏にはなれぬ。」（二五六）を引いて、「真理を悟ることは、西洋哲学的な認識、もしくは判断のような知とか理性的な、つまり人間の前頭葉の大脳作用によって起こるものではない。それはあくまで天地同根・万物一体の理を体でもって悟ることによっておのずと体得されるものである。……それを般若ハラミツというのである。」（二六二）という。また〈奉覲承事〉は「仏と自己が一体になることであり」（二六三）、「礼拝の誠によって、『神の心』と『人の心』が一体無二となるのである。それこそ無所得空である」（同）という。

また〈奉覲承事〉では、《礼拝得髄》《法華転法華》や《供養諸仏》を引用するが、「仏薄伽梵への奉覲承事」、「仏薄伽梵の奉覲承事の信仰」（二七〇）と、仏薄伽梵を礼拝の対象として、「諸仏を供養する功徳によって仏となると説く」（二七二）と解説する。

たしかに般若と仏薄伽梵が同じ（不二一体ではない）であることが、ここでの肝要な主張であるが、弟子丸は〈般若波羅蜜〉を「経典」ととっている。しかしそれは本文からは出てこないので、わざわざ『金剛経』を引用するのであるが、そこから「釈尊が尊いから経典は尊ぶべきである」云云という結論になるが、本文の解釈にはなっていない。

次に〈般若波羅蜜〉を「天地同根・万物一体の理」の体得と言い換え、それを「体でもって悟る」など言うが、道元はそのようなことは言っていない。「般若の知見が開ける」ことなどない。また「坐禅の修と般若の証」といってみても、その内実を「不生不滅の真如」をさとることだとは！　不生不滅の真如などないことが「空」ではなかったか。

仏は神のようなものと考えられている。仏薄伽梵が般若波羅蜜だという要旨がまったく理解されていないようだ。

内山『味わう』

つまり仏さまとは般若波羅蜜多のことだ。これを供養し、礼敬し、思惟するとは、仏さまを、般若波羅蜜多を一番大事にする。言いかえれば自己ぎりの自己、尽一切自己のこの生命の実物を大事にする。これを最高価値とすることです。（八一）

道元禅師が特に奉覲承事を強調されたのは、当時の禅者の間に、何事も一切空だといって、荒々しい、好き勝手な言動をする者が多いという世相があったに違いない。そういう禅を今日では野狐禅といいますが、一切空とはそういう荒々しい行持をすることではない。……うやうやしく生きていかねばならない。（八四―八五）

仏さまを大事にすることが、自己ぎりの自己を大事にするとは、ふつうによめば、とんでもない誤解を引き起こしかねない。仏は自己だといっていることになるからである。「奉観承事」については、荒々しい「禅宗」を批判しているという点では妥当しようが、「うやうやしく生きてい」くとはどのようなことだろうか。

西嶋『提唱』

「般若波羅蜜多ハ仏薄伽梵ニ異ナラズ」、正しい智慧というのは何かといえば、釈尊そのものに他ならない。釈尊というものと正しい智慧というものとは全く同じものだ。したがって、この我々の住んでおる宇宙全体が正しい智慧であるとするならば、その宇宙全体が釈尊と少しも異ならないものだと、そういう理解の仕方。（八七）

普通のものが普通に見えると言うことが正しい智慧。般若と言うことの意味。普通のものが普通に見えると言うことが、我々の日常生活において非常に大切なところ。（八九）

宇宙全体が、釈尊と異ならない、ということなら、ヒンドゥー教のブラフマンとアートマン、あるいはそれが化身となったバガヴァット（薄伽梵）であるクリシュナと同じであろう。仏道と日常生活が密接なものであるということは分かるが、この解釈には仏道はない。

門脇『身』

引用文の要約として次のようにいう。

……（これらは菩薩に至る修行者の境位の段階）なども、一切世間の十善業道（十の善行）、……すべて般若波羅蜜多によって出現することができるからである。（一〇二）

道元の著語については次のように述べる。

次の文「般若波羅蜜多は是諸法なり」との断定で道元は独自の思想を述べる。……道元は般若イコール諸法なりという理論的な命題を述べているのではない。むしろ「般若波羅蜜多」という最高の自受用三昧に達した菩薩の「般若波羅蜜多」という甚深なる宗教的実践行によって、般若と諸法の同一性が成就する力働的事態を言明しているのである。（一〇三）……

道元はさらに説明する。「この諸法は空相なり、不生不滅なり。」……道元が言明することは、自受用三昧という仏教的宗教体験の最高の境位にある人物が観た真実の実在の姿なのである。（一〇三―一〇四）

『大般若経』の本文では「般若波羅蜜多は、即ち是れ仏薄伽梵なり」と静的に表現されているが、道元は般若波羅蜜多の「現成せる」という力働的《ダイナミック》な事態が、仏薄伽梵の現成する力働的事態と同一であると表現する。この表現の含意することは、第一に諸法と力働的に同一化した般若波羅蜜多を行ずる菩薩自身が仏に成ることである。……（一〇四）

さらに道元は「奉観承事の仏薄伽梵なり」と言う。つまり諸法を仏とあがめ帰依随順することがそのまま仏そのものであると、明言するのである。（一〇五）

引用文の要約はいいだろう。しかし、「般若波羅蜜多は是諸法なり」は道元の独断というより、『心経』の引用がそのまま続くのである。それを『心経』の説明としても、門脇がいうような自受用三昧という菩薩の実践は、『心経』は説いていないし、道元も説いていない。道元の著語については、確かに「現成」という力働的な言葉を使ってはいるが、それは菩薩の行や成仏とは関係ない。「奉観承事の仏薄伽梵なり」も、これでは奉観承事する人がそのまま仏である、と聞こえる。そうではないだろう。

酒井『真実』

般若波羅蜜多を思惟する、というのは取り扱うということです。（一四六）

摩訶般若波羅蜜といいますと、宇宙全体の真実ということになる。（一四九）

私たちは『正法眼蔵』の中で、「三十七品菩提分法」の巻を読んでおって、びっくりするんですね。三十七品菩提分法というのは、あれは小乗仏教のものですよ。……全部あれは大乗仏教の修行の法に全部取り入れてしまいましてね、あれが全部正法の行になっている。……道元禅師の独断ではない。確かに独断ではない。あの元という、契機というものは、この『大般若波羅蜜多経』のここにある。（一五〇、一五一）

「生ぜず、滅せず」ということではなくて、不の生、不の滅、と読む。つまり不ということは、我々人間の、自我の段階の言葉ではなくて、尽十方界の、つまりここでは般若波羅蜜の段階だ、般若波羅蜜の段階における言葉です。（一五二）

ここでも訓み下しに問題があり、それをつくろうかのように、「思惟する」を、「取り扱う」と解釈しているところにもそれは窺える。訓みが誤っているのだから、論外だが、酒井にしても般若波羅蜜を思惟する、というのは、『正法眼蔵』の思想とは齟齬すると思ったのだろうか。また「摩訶般若波羅蜜」を「宇宙全体の真実」などと言い換えることができるとは思われない。ただこの巻で上座部（原始）仏教の諸概念を『大般若経』が包摂していることを指摘することは、道元の意図に適うだろう。

森本『読解』

「般若波羅蜜多は是諸法なり」という一句によって「現成公案」の巻の冒頭の一句を連想するのは適切だ。（八二）としか言っていない。これは『聞書』の解釈を念頭においているのであろうが、検討するにも値しないだろう。

竹村『講義』（番号は筆者による）

①「この般若波羅蜜多において」、「おいて」とありますが、これは目的格的にとればよいです。（二八一）

②その般若波羅蜜多を思惟すること、般若波羅蜜多について考えること、これは多分、『般若経』に説かれた教えの中身、

内容、道理を考えるということが第一義だろうと思いますが、ひいては般若の智慧の実践ということについて思いを巡らす。そのときには仏薄伽梵を供養・礼拝するかのように、それに対しなさいと言います。（二八三）

③一つは智慧の修行をしていると、その智慧の修行のおのずからのはたらきの中で、こういういろいろな段階の修行を実現していくことができる、こういう読み方もできるかと思いますが、智慧の修行、般若波羅蜜多において仏というものが実現する。その仏のはたらきの中で、さまざまな教えというものが説かれていく。その般若波羅蜜多はまさに仏なのだ、とこういうふうにも考えられます。（二八八―二八九）

①は「於いて」を目的語にとることはできない。訓み方が誤っているので、こういう解釈になる。

②ここも訓み方が誤っている。竹村は般若波羅蜜多を思惟することを主語としており、その解釈は的はずれとなる。道元は思惟についてはここで何も触れていない。

③本文で説かれているのは知恵の修行でも種々の修行でもない。いろいろな修行の結果が説かれているのであり、その結果に至った由来を同じ般若波羅蜜だといっているのである。

頼住「一考察」

その具体的な仏とは、実は、「般若波羅蜜」という根源な無分節の立ち現れ（現成）に他ならない。（四〇）

つまり、無分節なる「空―縁起」である「般若波羅蜜」が、具体的事物事象と「現成」してきており、その具体的事物事象に対して、自分自身も「般若波羅蜜」の「現成」である修行者たちが「供養」「敬礼」するのである。無分節からの「現成」としての修行者が、同じく「現成」し立ち現れている仏を「供養」「礼拝」する。そのことを通じて、自己も仏も、無分節の真理である「般若波羅蜜」という根源を共有するという意味で一つのものとして結び付いていることを自覚するのである。（四二）

「存在の根源に見出される無分節のはたらき」というような形而上学は道元にも仏教にもない。道元はここで端的に「仏薄伽梵は般若波羅蜜であり、般若波羅蜜は仏薄伽梵」だと、くどいほど言っており、仏薄伽梵の根源に般若波羅蜜が働いているのではない。本文をそのまま認めず、自説に固執されるのはいかがなものか。

【私釈】

まず道元が〈仏薄伽梵は般若波羅蜜多なり〉と明言したことを字義どおり受け止める必要がある。引用経典本文には、般若波羅蜜多が即ち仏薄伽梵であり、仏薄伽梵が即ち般若波羅蜜多であるという趣旨が五回繰り返し説かれ、それを道元が二回述べているのであるから、これがこの節のポイントであることは間違いない。

「仏薄伽梵」は「仏世尊」であり、仏十号（如来・応供・正遍知・明行足・善逝・世間解・無上士・調御丈夫・天人師・仏世尊）で最後に言及される称号である。したがってふつう「仏世尊」といえば歴史的な仏陀なり、覚者なりのことだと思う。ところが、『大経』と道元は、それを般若波羅蜜多であるという。般若波羅蜜多とはあえていえば幽邃な深い知恵ということであろう。悟った内容が般若であるというのではなく、仏世尊とは般若（深い知恵）そのものであるという。諸釈はそれをまっすぐ受け止められずに、道元がこの巻で言及していない「坐禅の修」「供養する功徳」（弟子丸）、「自己」（内山）、「宇宙全体」（西嶋、酒井）、「菩薩の自受用三昧」（門脇）、「知恵の修行」（竹村）、「存在の根源」（頼住）などを媒介項にしていろいろ論じている。

では道元は、この節で、なぜ般若波羅蜜が仏であると言っているのか。

道元は、続いて〈般若波羅蜜多は是諸法なり。この諸法は空相なり〉という。これは、一章一節に引用された『心経』の「色即是空。空即是色。受想行識」に、「亦復如是舎利子」を除いて続く、「是諸法空相。不生不滅。

不垢不浄不増不減」という経文である。道元は、それを〈般若波羅蜜は是諸法なり。この諸法は空相なり〉と「是諸法」を二度用いて続けて繋げた。ここに鍵がある。

こう説くことによって、般若波羅蜜は空である、という言表が経典に裏づけられて明確になる。般若波羅蜜が（虚）空であることは、すでに二章二節で〈学般若は虚空なり〉と示されたことである。

そして仏が空であることは、直前の風鈴頌で「渾身」が、風鈴の渾身であるとともに、それによって象徴された坐禅人（仏）の渾身であることが、〈皮肉骨髄の渾身せる掛虚空なり〉《虚空》ということで明らかにされた。渾身が空であることも、〈虚空の渾身は虚空にかかれり〉と示されたのである。それは一章の冒頭でも〈渾身の照見五蘊皆空なり〉といわれたことでもある。

人は打坐において身心脱落すれば、仏である。

『辦道話』で「もし人、一時なりともいふとも三業に仏印を標し、三昧に端坐するとき……覚樹王に端坐し、一時に無等々の大法輪を転じ、究竟無為の深般若を開演す」と述べられている。ここでも明らかに仏になって法輪を転じ、般若を説くことが示されている。坐禅そのものが、深般若を説くのである。

以上のように、般若波羅蜜は空であり、仏も空であるから、般若波羅蜜は仏であり、仏は般若波羅蜜である、ということが成り立つのである。このような坐禅において現成する事態においてはじめて、『心経』の〈不生不滅なり、不垢不浄不増不減なり〉が成就しているのである。

「不生不滅、不垢不浄、不増不減」とは何であるか、説くことは不要であり、道元も一言も説明していない。それは教学のすることであり、正しく理解したからといって仏道となんら関係するものではない。その事態の成り立つところへ、行ずることだけが大切である。

そのことが続く〈般若波羅蜜多の現成せるは、仏薄伽梵の現成せるなり〉で示されている。般若波羅蜜多の内実である不生不滅、不垢不浄、不増不減が現成しているのは、仏薄伽梵の現成していることである。仏薄伽梵の現成とは、まぎれもなく、先に『辦道話』で引いた「人の端坐」である。

それはまた、つづきがあり、〈この般若波羅蜜多の現成せるは、仏薄伽梵の現成せるなり。問取すべし、参取すべし〉といわれる。〈問取すべし〉は、修行者（学者）が問取すべきであり、何を問取するかといえば、〈般若波羅蜜多の現成〉である。〈参取すべし〉も修行者が参取せよ、といわれている。何を参取するのか。〈仏薄伽梵の現成〉である。自ら仏に成る行、坐禅に参じて自分のものにせよ、と道元は叱咤する。

そして著語を結ぶに当たって〈供養礼敬する、これ仏薄伽梵に奉覲承事するなり、奉覲承事の仏薄伽梵なり〉と締め括る。これは二章の一節で述べられた「敬礼」を敷衍しているといえる。そこでも指摘したように、『辦道話』で「焼香・礼拝・念仏・修懺・看経をもちゐず」と書いて公に示し、道元の伝えたものはまさに「焼香・礼拝・念仏・修懺・看経」などしないで、坐禅だけする禅宗なのだ、というこの示衆の参集者の第一印象をなんとか、是正したかったのであろう。日蓮から「禅天魔」と評された、自己以外を敬わない禅宗ではなく、〈供養礼敬する〉という謙《へりくだ》った恭《うやうや》しい振る舞い、それはとりもなおさず、仏にまみえて仕えることである、〈これ仏薄伽梵に奉覲承事するなり〉と道元は示す。

〈奉覲承事の仏薄伽梵なり〉は、『文庫』・脚注や門脇『身』がいうような「ご用を承るその人がそのまま仏である」（七二）のではなく、〈奉覲承事の〉は仏薄伽梵にかかる形容である。仏を奉観するのは、仏を対象にしてまみえることである。〈仏に〉まみえる仏とは、〈仏にいたりてすすみてさらに仏をみるなり、衆生の仏をみるにおなじきなり〉《仏向上事》といわれることと同じであろう。道元にあっては仏になることは、なんら完成ではない。どこまでも仏に成り続けていく道が仏道である。「承事」もいわば「仏にいたりてさらに仏に仕え奉るなり、衆生の仏に仕うるにおなじきなり」ということであろう。そのような成り続ける仏薄伽梵が〈奉覲承事の仏薄伽梵〉である。

〈奉覲承事の仏薄伽梵なり〉は、道元の仏道において、具体的な洗面、洗浄の仕方、目上の比丘に対する接し方、問訊・礼拝、食事の作り方、食事の仕方など、日常生活のすべての振る舞いにおよぶ、恭しいありかたとして具体化されていき、今日に及んでいる。

ところで、道元の著語の方から見てきたので、引用経典の問題に戻りたい。一章で見た通り、『般若心経』で説かれる五蘊、十二処、十八界、四聖諦などについては「無」が全部とられていたが、ここでは「不」はそのままである。この違いは何か。

「五蘊、十二処、十八界、十二縁起、四聖諦」はいずれも原始仏典（四阿含と並行する四五ニカーヤ）で説かれる主要な教えである。それらに対して『般若心経』は、批判し否定するために「無」を付けた。

いっぽう、「不生不滅……」などは原始仏典ではほとんど説かれない、大乗経典それも般若経典の重要な思想である。つまり道元は小乗思想である五蘊、十二処、十八界、十二縁起、四聖諦等は、『般若心経』の「無」を取り去ることによってこれらを肯定し、大乗思想である「空相、不生不滅、不垢不浄、不増不減」もそのまま認めている。一章では大乗思想の核ともいえる六波羅蜜を般若として肯定した。要するに小乗・大乗の基本用語を「施設可得」として、すべて肯定しているのである。

二章で道元が引用している後期『大般若経』の箇所は「舎利子、一切菩薩摩訶薩・独覚・阿羅漢・不還・一来・預流等、皆由般若波羅蜜多、得出現故。舎利子、一切世間十善業道・四静慮・四無色定・五神通、皆由般若波羅蜜多、得出現故」と、大乗経典としては珍しく、阿含経典の教えである「独覚・阿羅漢・不還・一来・預流」や「十善業道・四静慮・四無色定・五神通」を肯定して、それらもすべて般若波羅蜜から出現すると説いている。道元はその箇所をことさら選んで引用し、『般若心経』に代表される大乗思想とつなげている。酒井がいうように、ここに道元の教えの特徴がある。

このことはかつて如浄になした質問に対する答えの言葉と関ってくる。『宝慶記』の身心脱落話の終わりにはこう記される。

祖師の児孫は強ちに大小両乗の所説を嫌うべからず。学者にして、もし、如来の聖教に背かば、何ぞ敢て仏祖の児孫たるものならんや。（一六）

あるいは、こうも言われる。

元子よ、須く知るべし、如来の正法は大小乗の表に出過せり。然りといえども古仏は慈悲を落草して、ついに大乗・小乗の手を授くるの方便を施したまいたり。（三六）

これは道元自身が『宝慶記』における如浄への質問でまっさきに聞いたこと、「今、諸方に教外別伝と称し、しかも祖師西来の大意となすは、その意如何」（一）と関る。いかに「教外別伝」が禅宗の特徴とされていたか、が分かる。

道元は自分が師に対して最初に発した疑問とそれに対する師の教えに呼応するように、はじめての僧侶や一般の人々に対する示衆で、小乗の教えも大乗の教えも、仏が説いた大事な深い知恵（般若）である、と示したのであろう。

あとがき

この本は、駒沢大学での二〇一六年の七月から二〇一七年の七月まで四回にわたる正法眼蔵研究会での論考をまとめたものです。

眼蔵研究会に来て聞いて下さり、ご意見を述べて下さる方々がいてはじめて、少しづつ道元がいおうとすることが、私にも分かって参りました。研究会を開いてくださった石井修道先生をはじめ、ご参加くださった皆さまに、こころからの感謝を申し上げます。

この巻を読みはじめて、驚きました。これは般若心経の解釈などではまったくなく、『辦道話』の核心である「参見知識のはじめより、さらに焼香・礼拝・念仏・修懺・看経をもちゐず、ただし打坐して身心脱落することをえよ」に対する、自らの批判、訂正だったのです。空思想はすこしも説かれておりません。

経、教の重視、礼拝恭敬は、《仏経》、《仏教》、《礼拝得髄》、《看経》といった巻が『正法眼蔵』にあるように、このあとの道元の生活と著作を貫く仏道そのものです。

原稿を出版社に送ってから今日までずっと、コロナウィルスのために世界中で自粛の日々が続いています。そんな折、ズームで坐禅会をすると言う思いがけない機会に恵まれました。メキシコと、東京でのポーランド人禅僧による坐禅会です。実は、京都にもこの湖西にも坐禅ができるようなお寺はありません。山水庵でも月一回坐禅会をしますが、これらの会では、毎日坐禅をされます。主宰する方々は、沢木興道門下に縁があり、それは彼らにとって当たり前の日常なのです。

彼らに導かれて、私も坐禅できる日々が続き、ほんとうにありがたいことです。

恩師・柳田聖山先生は、欧米の人に禅の未来を託し、スイスのウルス・アップさんを副所長に国際禅学研究所を設立されて欧米や共産圏から研究者が集まりましたが、三十年経った今、その研究所には、米人禅僧一人しか外国人はいないようです。先生が約三十年前に出された『花園界隈』にはこうあります。

「人類は地球存続の危機と、現実に付き合いながら、生きる外はないのである。地球の資源に、限界があることもわかった。過去の社会が生んだ歴史宗教が、今後も力を持つか、どうか。地球の外に出て行くための、現代の方舟に搭乗するには、どんな条件が必要であろう。できるなら方舟地球号の、必要にして十分な条件を見つけることを、私たちの宗教学に求めたいのである。」

もはや主の聖霊が降りそそぐことのなくなった終末の時代、地球環境と生類の危機がますます先鋭化する現代に、この本は、道元の言葉は、仏法は、はたしてどんな意味があるのでしょうか。

人間という、同じ人間を殺戮し、自らが生きる環境を、そこに生きる生類もろとも破壊する、どうしようもない生き物を救う、唯一の道が、おそらく仏法ではないでしょうか。

どのようにでしょうか。人間をやめて、仏になることによってです。

二〇二〇年六月
湖西・山水庵にて
松岡　由香子

松岡　由香子（まつおか　ゆかこ）

1945年静岡県生まれ。京都大学文学部博士課程満期修了。
日本キリスト教団牧師。
現在、山水庵で日曜礼拝と月一回の坐禅会を行っている。

【著書】
『親鸞とパウロ』（筆名　真木由香子）（教文館、1988）
「古佛道元の思惟」（『研究報告』第三冊、花園大学国際禅学研究所、1995）
「道元」（『大乗仏典　中国・日本篇23』）共著の現代語訳（中央公論社、1995）
『総ヒバクの危機――いのちを守りたい』（共著、游学社、2001）
『仏教になぜ浄土教がうまれたか』（ノンブル社、2013）
『正法眼蔵第一　現成公按　私釈』（東京図書出版、2017）
『正法眼蔵第三　仏性　私釈』（七つ森書館、2018）
なお、『正法眼蔵第一　現成公按　私釈』『正法眼蔵第三　仏性　私釈』をお求めの方は下記メールまでご連絡下さい。
sansuian1@gaia.eonet.ne.jp

正法眼蔵第二　摩訶般若波羅蜜　私釈
経に依り教に依る　有の思惟

2020年10月31日　第1刷発行

著　者　松岡由香子
発行人　大杉　剛
発行所　株式会社 風詠社
〒553-0001　大阪市福島区海老江5-2-2
大拓ビル5 - 7階
Tel 06（6136）8657　https://fueisha.com/
発売元　株式会社 星雲社
（共同出版社・流通責任出版社）
〒112-0005　東京都文京区水道1-3-30
Tel 03（3868）3275
装幀　2DAY
印刷・製本　シナノ印刷株式会社

ISBN978-4-434-28155-6 C3015